강양재 목사의

잔소리

김양재 목사의

잔소리

QTM

프롤로그

미국 뉴저지에서 목회하시는 한 목사님이 우리들교회에서 열리는 <THINK 목회 세미나>에 참석하셨습니다. “세미나에서 무엇이 가장 기억에 남으셨어요?” 물으니, 제가 늘 입버릇처럼 얘기하는 “말씀이 들리세요?”라는 말이었답니다. 이 말이 무슨 뜻일까, 오랫동안 머릿속에서 떠나지 않으셨대요. 이분이 이민 1.5세대이신데 처음엔 ‘내가 한국말이 서툴러서 말씀을 이해 못 했을까 봐 자꾸 물으시는 걸까’ 했답니다. 나중에야 그 참뜻을 알게 되셨다고요.

목회 세미나에 오신 분들만 아니라 우리들교회 성도들에게도 저는 늘 얘기합니다.

“오늘 설교가 잘 들리셨어요?”

“말씀이 들리세요?”

다들 청력이 안 좋으신 것도 아닌데, 왜 자꾸 ‘들리냐’ 묻는지 여러분도 의아하십니까? 제 마음은 그래요. 성경 말씀을 ‘사운드(sound)’가 아니라 ‘보이스(voice)’로, 하나님의 음성으로 들어야 하는데 우리 성도들이 그러지 못하면 어쩌나, 안타까워서 잔소리같이 자꾸 묻게 되는 것이에요. 그뿐만이 아닙니다. 부부들에게는 “절대로 이혼하면 안 된다”, 청년들에게는 “불신(不信) 결혼하지 말라” 직장인들에게는 “질서에 순종해라” 등등…… 누구를 만나든, 꼭 오늘이 마지막인 것처럼 이런저런 권면을 하고 또 합니다. 그래서 우리들교회에서 저는 일명 '수잔', 수없이 잔소리하는 목사로 통합니다.

자녀가 절벽으로 돌진하고 있는데 교양 있게 "어머, 뛰지 마라~ 위험하단다" 할 부모는 없잖아요. "얘! 위험해!! 멈춰!!!" 소리소리 질러 가며 자녀를 붙잡으러 달려가야죠. 어쩌면 성경 66권의 메시지도 우리를 향한 하나님의 이런 다급한 부르심이 아닐까 생각해요. 말씀을 묵상하면 할수록 이 하나님의 마음이 깨달아지니까 성도들만 만나면 자꾸 '잔소리하는 엄마 모드'가 되나 봅니다.

이 책이 그 결정판이라 할 수 있어요. 20여 년간

사역하며 제가 성도들 귀에 못이 박히도록 외친 수많은 잔소리를 모은 것입니다. ‘김양재의 잔소리’라고 했지만, 제가 지은 얘기가 아니라 다 성경에 있는 말씀입니다. 이 수없는 잔소리를 통해 수없는 영혼이 살아났습니다. 이 책을 접하는 모든 분에게도 이 잔소리가 보이스(voice)로, 하나님의 음성으로 들리기를 원합니다.

2025년 12월

우리들교회 담임목사 김양재

목 차

chapter

1

말씀이 들리세요?

영적 전쟁의 최강병기는 한결같은 큐티입니다

"남편이 구원되었다, 할렐루야!!!!"

남편이 급성 간암으로 하루 만에 소천한 날 제가 큐티책에 적은 글입니다. 남편이 구원받고 떠난 것이 어찌나 감격스러운지, 뒤에 느낌표를 몇 개나 붙였던 기억이 납니다.

"주님, 너무하십니다. 어떻게 제게 이러실 수 있습니까?" 인생의 막다른 골목에서 이런 물음만을 반복하고 있는 분이 많을 줄 압니다. 저도 목회를 하면서 이런 고민이 담긴 메일을 하루만도 여러 통 받습니다. "인생은 문제의 연속"이라 해도 과언이 아닙니다. 게다가 아주 고약한 '난제'들로 가득합니다.

그런데 여러분, 그 모든 문제의 출제자가 누구입니까? 바로 천지 만물과 인생의 주인이신 '하나님'이십니다. 인생에 우연히 일어나는 일은 없어요. 모든 것은 하나님의 의도를 따라 이루어집니다.

그러면 생각해 보세요. 우리가 시험 문제를 풀 때 무엇보다 출제자의 의도를 파악하는 것이 중요하죠. 인생이라는 문제도 마찬가지예요. 출제자이신 하나님의 의도를 파악해야 합니다. 그것이 키포인트예요. 그런데 희소식은 우리 좋으신 하나님은 문제도 주시지만, 그 답안지까지도 함께 주신다는 것이에요.

답안지가 무엇이냐고요? 바로 '성경', 하나님의 '말씀'입니다. 제가 어디를 가든지 "큐티하세요!" 귀에 못이 박히도록 이야기하는 이유가 바로 이것입니다. 그날그날 주시는 말씀에 인생의 모든 해답이 있습니다. 우리는 그날 큐티 말씀이 알려 주시는 것만큼 깨닫고 순종하고 적용하면서 나아가면 돼요.

제 이야기로 돌아가 볼게요. 물론 구원이 가장 기쁜 일은 맞지만, 하루아침에 남편을 잃었는데 어찌 기뻐할 수 있겠습니까? 보통 사람이라면 하늘이 무너질 일 아니겠어요? 그러나 죽음 앞에서도 제가 생명의 빛으로 나아갈 수 있었던 것은, 하나님께서 그날 말씀으로 남편의 죽음을 해석해 주셨기 때문입니다. 이처럼 말씀으로 내 현재의 이유를 깨닫는 것이 가장 신비한 능력입니다.

그러니, 제가 마르고 닳도록 하는 얘기지만 날마다 또 할 수밖에 없어요.

“여러분, 날마다 큐티하세요!”

큐티는 단순히 신앙적인 행위가 아닙니다. 날마다 정해진 성경 본문에 대해 하나님께 질문하며 구속사적으로 묵상하고 적용하며 나누는 것입니다. 따라서 신앙의 본질이라고 할 수 있어요. 그런데도 큐티가 힘든 것은 내 생각이 옳다는 고정관념이 있기 때문입니다. 말씀을 듣지 않으니 믿지 않고, 믿지 않으니 우리의 목이 곧은 것이에요. 그래서 우리의 고정관념을 깨뜨리기 위해 때마다 고난이 옵니다. 나를 말씀 앞에 앉혀두기 위해서 내 옆에 있는 사람이 수고하고, 상황과 환경과 사건이 수고합니다.

'이 사건은 언제 끝날까?'
'누구의 도움을 받아야 할까?'라는
우리의 질문이 바뀌어야 해요. '이 사건이 왜 왔을까?',
'하나님은 내게 무엇을 원하실까?',
'내가 깨달아야 할 죄는 무엇일까?'
이것이 바로 구속사적인 질문입니다.

복음은 모든 사람에게 유익한 소식이에요. 듣는
사람이 죄를 인정하고 회개하면 좋은 소식(Good news),
단 소식(Sweet news)이 됩니다. 하지만 교회를 다녀도
우리가 다 죄 이야기를 듣기 싫어합니다. 그래서
세상에게 복음은 본질적으로 쓴소리이기도 합니다.

저는 고된 시집살이와 무서운 남편 고난을 겪으며
은혜받기 위해서가 아니라, 살기 위해서 큐티를
했어요. 날마다 묵상하고 깨달은 것을 큐티책에
빼곡히 적으면서 그날의 사건들을 해석받았습니다.
큐티 말씀을 눈으로만 스윽~ 보는 '눈티'나
운전하거나 다른 일을 하면서 큐티 설교를 귀로만
듣는 '귀티'는 기억에 잘 남지 않아요. 저는 여러분이
꼭 성경 본문을 읽고 깨달은 것과 적용할 것을 적으며
큐티하는 '적티'를 하면 좋겠어요.
말씀을 봐도 잘 깨달아지지 않으면
기도 제목이나 삶의 문제를 적어 보세요.
돈이면 돈, 자녀면 자녀, 건강이면 건강 이렇게
큐티책에 쓰고 "하나님, 저에게 이 문제가 너무 커요.
말씀으로 해석받고 싶어요"라고 기도해 보세요.

'정말 큐티를 못 하겠다' 한다면 일단 큐티책을 펴
보기만 하세요. 큐티를 안 하는 것보다는 나으니까요.
매일 펴서 제목이라도 읽으세요. 단어 하나라도
기억하려 해 보세요. 난독증인 한 집사님은 큐티가
너무 어려워서 모르는 단어마다 동그라미를
치셨답니다. 그러다 보니 큐티책이 동그라미투성이가
됐다고 해요. 그래도 날마다 큐티책을 펴서 읽으며
하나님께 "깨닫게 해 달라"고 기도하셨답니다.
그분이 지금은 우리들교회의 권사님이 되셔서
수많은 사람을 양육하고 계세요.
이렇게 한결같이 큐티하는 것이 능력입니다.

모든 일은 훈련이 가장 중요합니다.
큐티도 그렇습니다.
평소에 들어 둔 말씀, 적용한 말씀이 있어야
사건이 왔을 때 말씀으로 이길 수 있어요.
그래서 여전한 방식으로 큐티하는 것이
최강의 훈련입니다.

아무리 큰 폭풍이 와도
바윗돌은 깨어지지 않아요.
하지만 날마다 한결같이 떨어지는
낙숫물은 댓돌에 구멍을 냅니다.
이슬비처럼 매일 촉촉하게 적시는
큐티 말씀으로만
나의 돌같이 굳은 가치관이
변화될 수 있습니다.

날마다 큐티하며 말씀을 따라 선택하는 훈련은
지금은 변화가 보이지 않아도
엄청난 인격과 영성을 쌓아 가는 훈련이에요.
말씀대로 살려고 하는
우리의 모든 노력이 보화를 쌓는
훈련인 줄 믿습니다.

날마다 큐티한다고
날마다 벅찬 감동이 있는 것은 아니에요.
하지만 매일 차례대로 읽어 온 말씀이
중요한 순간에 건강한 결정을 하도록 나를 이끕니다.
습관을 따라 말씀을 본 힘이
위기 속의 나를 살립니다.

말씀을 통해 살아나려면 성경을 나를 위해 죽어 주신 예수님의 이야기로 읽어야 해요. 나의 죄를 위해 죽으신 예수님의 이야기가 나의 이야기가 되어야 합니다. 그러지 않으면 성경이 나도 남도 죽이는 율법책이 될 수 있습니다.

성경은 위대한 사람들의 이야기가 아니라 죄인들의 구속사입니다.

죽을 수밖에 없는 죄인인 내가 그리스도와 함께 고난을 받음으로 하나님의 자녀가 된다는 말이 축복의 말씀으로 들리시나요?
그렇다면 이미 우리는 세상이 감당하지 못할 성도인 줄 믿습니다.

성령이 주시는 최고의 선물은 말씀으로 찔림을 받는 것이에요. 예수님의 십자가를 나와 상관없게 여기다가, 내가 예수를 십자가에 못 박은 자임이 깨달아지는 것이 구속사의 시작입니다.

오늘 큐티 말씀이 아무리 무섭고 흉한 내용일지라도, 내가 그 말씀을 구속사적으로 해석하며 경고로 받으면 감사할 것밖에 없습니다. 어떤 본문이든 그 말씀은 나를 향한 하나님의 사랑의 메시지입니다.

신학자 칼빈은 "인간의 마음은 우상을 제조하는 공장"이라고 했어요. 그 말을 따라 우리는 우상 공장의 '공장장'입니다. 내 안에 가득한 우상을 물리치려면 내가 하나님의 창조물이라는 인식을 날마다 해야 해요.
구속사적인 큐티로 날마다 내 안에 새로운 마음이 창조될 때, 세상의 보화보다 구원의 언약을 귀히 여기게 될 것이에요.

예전에 못 먹고 못살 때는 환경 자체가 고난이었어요.
성경을 잘 몰라도 예배만 드려도 눈물이 나고
은혜를 받았죠. 그런데 지금은 너무 잘 먹고 잘살아서
예전에는 생각하지도 못한 동성애, 이혼, 자살과 같은
악이 판을 치고 있어요. 말 그대로 '악의 평범성'이
만연한 시대를 살고 있습니다.
그래서 우리는 대충 큐티하면 안 돼요.
악착같이 큐티하면서 말씀을 꼭꼭 씹어 먹어야
우리 삶에 교묘하게 스며드는 악을 물리칠 수 있어요.
성경은 아무리 봐도 결코 지나치지 않습니다.

구약 시대의 성막은 아름답기만 한 공간이
아니었어요. 속죄 제물을 드리는 곳이기에 짐승의
울음소리와 피비린내가 진동하는 현장이었죠.
우리의 큐티가 바로 성막 짓고 제사드리는 것과
같아요. 내 죄를 보며 아파하는 눈물이 있고,
욕심을 가지치기하는 고통이 수반됩니다.
하나님은 성막 짓고 제사드리는 모든 양식을
정확하고 구체적으로 가르쳐 주셨습니다(출 25~40장).
우리의 신앙생활도 그래요.

***'대충'이란 없습니다. 힘드니까 말씀을
사모하게 되고, 날마다 큐티하면서
내 삶이 다듬어집니다.***

동서고금을 막론하고 많은 사람이 개혁을 시도했지만, 인간의 옳고 그름이 잣대인 개혁은 언제나 또 다른 옳음에 의해 무너졌습니다. 최고의 개혁은, 하나님 말씀을 깨달음으로 날마다 내 안에 신선한 기쁨이 일어나는 것입니다.

큐티를 하면 내 삶에 개혁이 일어납니다. 그렇지만 내가 성경을 읽고 있으니 남들이 변화되어야 한다고 생각하지 마세요. 그것은 하나님의 영역이에요. 내가 성경을 읽으며 기뻐하고, 집안 식구가 달라지지 않아도 언젠가 돌아올 것을 믿으며 가는 것이 진정한 개혁입니다.

매사에 두려움이 없이 밀어붙이기만 하는 사람은
탱크(TANK)처럼 "전진, 돌격 앞으로!"만 외치다가
낭떠러지로 떨어지기 십상입니다. 반대로 두려움이
너무 많은 사람은 걱정에 매몰돼 제자리에서
삽질만 하다가 싱크(SINK), 곧 가라앉고 말죠.
탱크나 싱크나 똑같습니다. 우리가 매사 치우치지
않으려면 띵크(THINK)를 해야 합니다. 하나님의
말씀을 묵상하며 하나님의 생각을 물어야 합니다.
생각(THINK)을 바르게 하면 어떤 환경에서도
감사(THANK)할 수 있습니다.

고난 가운데 말씀을 가까이하면 효과적으로 도우시는
성령님이 나를 비춰 주십니다. 더는 남 탓하지 않고
내 죄를 심각하게 직면하게 하십니다.
그렇게 예수님 앞으로 나아가면, 주 안에서 따뜻하고,
깨끗하고, 부지런한 회개의 리더십으로
다른 사람을 도울 수 있게 됩니다.

누군가와 친밀해지고 싶은데 내 할 말만 "다다다다" 하고 휙 돌아가 버린다면 진정한 교제가 이뤄질 수 없겠죠. 하나님과의 교제인 기도 역시 독백이 아닌 대화입니다. 기도의 대상이신 하나님의 말씀을 들어야 그분의 뜻과 약속을 깨닫게 됩니다. 그리고 그대로 순종하고 적용할 수 있게 됩니다. 그런데 우리가 처음부터 하나님의 뜻을 알기가 너무 어려워요. 그래서 하나님은 우리에게 사건을 주십니다. 사건을 통해 말씀 보고 기도하게 하시면서 우리를 키워 가시고 메시지도 키워 가십니다.

우리는 문제가 없는 상태,
그래서 불안할 필요가 없는 상태를 평안이라고
생각하지만 그런 것은 세상에 없습니다.
불안을 없애려는 모든 노력과 수고는 더 깊은 불안을
일으킬 뿐이죠. 말씀 앞에서 내 죄를 보며 성령의
열매를 맺을 때에만 참된 평안을 누릴 수 있어요.

하나님은 다 없어진 것 같은
환경에서도 남은 그 하나,
말씀이 들리는 한 사람을 통해
놀라운 구원을 이루십니다.
이것이 구속사입니다.

칠흑같이 어두운 밤이라도 나 하나 말씀으로 중심 잡으면 우리 집안이 밝아지고, 교회가 밝아지고, 나라가 밝아집니다. 내가 건강한 신앙을 가지면 다른 사람을 살리는 인생이 됩니다.

하나님의 말씀, 곧 성경은 옛이야기가 아니라
현실성을 간직한 메시지입니다. 그러므로 누구든지
하나님의 말씀으로 택함받은 사람이라면, 삶에서
모든 말씀을 적용할 수 있어요.

큐티의 꽃은 적용이고,
결론은 영혼 구원이에요.

나 한 사람의 순종과 범죄가 인류를 흥하게도,
망하게도 할 수 있습니다.
하나님의 치밀한 뜻과 인간의 성실한 순종이
어우러질 때 주님의 역사는 시작됩니다.

우리는 그저 큐티하면서 하루하루 살 뿐입니다.
내일 일은 몰라요. 하지만 오늘 말씀에 순종하면
하나님께서 그다음 일을 가르쳐 주시고, 다음 날도
순종하면 그다음 일을 또 알려 주십니다.

좋은 환경이, 근사한 옷이나 화려한 스펙이
나를 보호해 주지 않습니다. 오늘 하루 말씀 붙들며
치열하게 살아낸 간증이 나를 보호합니다.

큐티 하나만 열심히 해도 양육, 상담, 구제, 봉사,
선교를 다 할 수 있습니다.
큐티는 도구나 방법이 아니라, 말씀으로
내 삶을 해석하며 나누는 것이기 때문입니다.
***그날 주신 큐티 말씀을 통해 하나님이
나에게 하신 일을 진술하는 것이
능력 중의 능력입니다.***

말씀을 통해 내 사랑하는 주님이 얼마나
대단한 분인지 알면 알수록, 나의 신랑이신 예수님이
얼마나 부자인지 알면 알수록 우리에게 은혜와
평강이 더욱 넘치게 됩니다.

오늘을 마지막처럼 산다는 것은,
오늘 내게 주신 말씀으로 내일을 걱정하는
나의 인간적인 생각을 죽이는 것입니다.

대체로 당한 것이 많은 사람이 하나님을 더 잘 믿습니다. 하나님을 두려워하는 마음이 있기 때문입니다. 하지만 당한 것이 많아도 말씀으로 양육되지 않으면 “당신들이 내 고난을 알아?” 하면서 도리어 타인을 두렵게 만드는 사람이 되기도 합니다. 고난은 많지만 양육되지 않은 사람, 고난은 없지만 좋은 교육을 받은 사람이 있다면 누가 더 나은 것입니까? 우리는 ‘누가 누가 더 나은가’를 끊임없이 따져 봅니다. 그러나 중요한 것은 그 사람의 어떠함이 아닙니다. ‘구원을 받았는가, 아닌가’입니다. 어떤 모양으로 살든 인간은 다 악하고 음란하기 때문입니다. 말씀으로 양육받지 못하면 좋은 교육도 꽝이고, 고난의 경험도 무용지물입니다. 그러므로 드라마틱한 고난에 속아도 안 되고 모두가 부러워할 만한 교양과 스펙에 속아서도 안 됩니다. 오직 ‘구원받고 말씀의 양육을 받고 있는가’만이 사람을 분별하는 다림줄입니다(암 7:8).

성경은 구속사를 깨닫지 못하는 우리에게
오직 믿음으로 얻는 구원을 가르쳐 주고자
끝없이 인물들을 등장시킵니다.
행위가 아니라 오직 믿음입니다.
옳고 그름이 아니라 구원입니다.

성경이 옳은 것을 인정하면서도
말씀의 인도를 받지 않는다면,
'삶 따로, 말씀 따로'인 인생을 사는 것입니다.
사람의 참된 행복은 오직 말씀에
순종하는 데 있습니다.

세상은 니체와 같은 철학자의 말에 감동합니다.
그들의 말을 깊이 있는 깨달음으로 여기고
여기저기서 인용합니다. 그러나 예수 없는
깨달음은 사탄의 깊은 것(계 2:24)에 지나지 않습니다.
아무리 감동적이고 허를 찌르는 말이라도
예수님의 말씀보다 더 귀한 것은 없습니다.

천국은 미래에 가는 곳이기도 하지만 이 땅에서 **말씀을 읽고, 듣고, 지키면 현재 내 삶에도 천국이 임합니다.**

저는 예수님을 인격적으로 만난 그날부터
큐티라는 구원의 지도를 붙들고
지금까지 걸어왔습니다.
말씀이 구원의 안경이기에,
세상 소망만 찾으려던 제가
예수님의 시각으로 저 자신을
제대로 볼 수 있게 되었어요.
***말씀의 빛이 저를 조명할수록,
저의 더러움이 보여 날마다 회개했고,
나 같은 죄인을 살리신 주님의 은혜에
감격할 수 있었습니다.***

인생의 문제가
해결되는 길은
하나님의 섭리 가운데
내가 얼마나 죄인인지를
깨닫고, 내 주제를
인정하는 것입니다.

나의 모든 사건이 성경에 있습니다.
나의 현재도, 미래도 다 성경에 있습니다.
이것을 깨달을 때 우리는 말씀의 증인이 됩니다.

chapter

2

성경, 덮어 놓고 믿지 말고 열어 놓고 믿으세요

내 죄를 오픈하고 회개하는 것이 능력입니다

잘나가는 회사에서 중역으로 일하던 한 집사님이 계십니다. 회사에서 일명 '독사'로 불리던 집사님은 불가능해 보이는 계약도 척척 따내고 초고속 승진을 하는 등, 그야말로 승승장구의 아이콘이었습니다. 그런데 집사님에겐 누구에게도 말하지 못한 한 가지 비밀이 있었습니다. 자신의 이혼 사실을 직장 동료에게 오랫동안 숨겨 온 것이에요. 사회생활에 큰 오점이 될 것 같았기 때문입니다.

그러다 보니 매번 사소한 일까지 거짓말을 해야 했

습니다. 가족과 여름휴가를 어디로 다녀왔는지 행여 누가 물을까 봐, 인터넷 지도를 펴놓고 공부하면서 미리 대답을 준비하기도 했답니다. '내 얘기를 못 하고 사는 것이 지옥이구나……' 그때 경험했다고 합니다.

그러던 어느 날, "나의 실패와 과오가 오히려 다른 사람 살리는 약재료가 될 수 있다"라는 말씀이 이 집사님 귀에 마치 우렛소리같이 들렸답니다. 마침내 집사님은 이혼 사실을 알려야겠다고 마음을 먹었습니다. 그리고 회사 메일을 열어 떨리는 마음으로 한 자, 한 자 써내려 갔습니다.

"저는 출세와 성공을 위해 미친 듯이 앞만 보고 달렸습니다. 일과 술에 중독되어 살았습니다. 주위 사람들이 열심히 안 산다고 무시하면서 살았습니다. 그렇게 일과 음란에 빠져 가정도 돌보지 않다가 아내와 갈등이 심해져 결국 이혼까지 하게 됐습니다. 전적인 제 잘못입니다. 지금은 제 인생 처음으로 교회에 나가 부족하지만 하나님을 알아 가는 중입니다. 그동안 무시하고 욕하고 소리 지르는 저 때문에 상처받은 분이 많으실 텐데, 이 시간을 빌려 다시 한번 사죄드립니다. 그리고 꼭 교회 나가세요."

'이래도 되나……' 잠시 망설였지만, 하나님께서 함께해 주시리라는 마음으로 집사님은 전송 버튼을 눌렀습니다. 그런데 이게 웬일입니까? 조롱과 질책이 돌아올 줄 알았는데, 생각지 못한 반전이 일어났습니다. 오히려 동료들로부터 공감과 격려가 쏟아진 것입니다.

"오늘에야 그런 사정이 있는지 알게 되었네요. 오픈한 용기에 기립박수라도 쳐 드리고 싶습니다."

"저도 최근 배우자와 자주 싸워서 이혼 직전입니다."

"저도 이혼했습니다."

"교회를 나간다니 정말 잘됐습니다."

"저도 교회에 나가 봐야겠네요."

"○○아, 나는 사실 진작에 알고 있었어. 네가 창피해할까 봐 그동안 말 못 한 거야."

이후 집사님의 삶은 완전히 바뀌었습니다. 먼저는 술 먹자는 사람이 딱 끊어졌고, 회식 자리에서도 "○○이는 교회 다니니까 술 주지 말라"는 사람도 생겨났답니다. 그렇게 술 약속이 사라지며 저녁을 세상적으로 보내지 않게 되자, 자연스럽게 집사님은 그 시간을 구원의 일에 매진할 수 있었습니다. 지금은 이분이 우리들교회 장로님이 되셔서 자신의 이혼과 힘든 재혼생활을 약재료 삼아 수많은 영혼을 살리고 계십니다. 말씀에 감동하여 이혼의 수치를 알린 회개의 이메일 하나가 이분에게 구원의 증표가 된 것입니다.

우리가 인생의 문제 앞에 속절없이 무너지는 이유는, 대부분 '내 얘기를 말하지 못하는' 데 있다고 저는 생각해요. 저도 부잣집 며느리로 살며 겉은 화려해 보였지만, 고된 시집살이와 무서운 남편에게 눌려 속이 곪아 가던 때가 있었습니다. 하지만 교양이 9단이라, 제 삶이 비단 치마 속의 넝마라는 걸 그 누구에게도 말하지 못했어요. 그래서 생각한 유일한 탈출구가 이혼과 자살이었습니다. 하지만 주님을 깊이 만나고 공동체와 더불어 제 얘기를 솔직히 나누면서부터 진정한 자유를 누리게 됐습니다. 죽지 않고 살게 됐습니다. 할렐루야!

성 어거스틴(St. Augustine)은 『고백록』에서 하나님을 향한 사랑과 회복의 시작은 '철저한 자기 오픈', 즉 '죄의 고백'이라고 말했습니다. 자신도 "흉한 과거를 덮어 버리거나 망각하지 않고 고백했을 때 도리어 형

편없는 나에게 더 가까이 다가오신 주님을 만났다"고 했습니다. 아브라함, 야곱, 다윗 등 우리가 존경하는 믿음의 선조들이 치졸하고 지질한 자신들의 삶을 낱낱이 오픈해 줬기에, 우리가 성경을 읽고 살아나는 것 아니겠어요?

여러분이 무덤까지 가지고 가고 싶은 수치와 죄는 무엇입니까? 누구에게도 말하지 못해서 끙끙 앓고 시름하는 일은 무엇입니까?

"내 속에 있는 죄와 사망의 썩은 것을 오픈하고 회개하면 우리 하나님이 살려 주십니다!"

내 죄와 부족함을 감추지 않고 드러내고 순종하면 하나님께서 나에게 예수 그리스도의 계시를 맡기십니다. 그러니 우리는 성경을 덮어 놓고 믿어서는 안 됩니다. 열어 놓고 읽어야 합니다. 내 모든 것을 말씀이신 하나님 앞에 열어 놓아야 합니다.

구속사적으로 '나 자신을 안다'는 것은 내 가능성과 소망을 아는 게 아닙니다. 오히려 내가 100% 죄인인임을 철저히 인정하는 것이 진정으로 나 자신을 아는 것입니다.

복음은 주제 파악입니다.

날마다 "할 수 있어!" "I can do it" 외친다고 구원받는 것이 아니에요. 오히려 내 인생이 이미 멸망했음을 인정할 때, 거기서부터 구원하시는 하나님을 보게 됩니다.

나는 하나님의 은혜가 아니면 살 수 없는
전적 무능한 존재, 구원받을 자격 없는 죄인이요,
전적 부패한 존재라는 자기 인식이 있으세요?
하나님 앞에서 이 실존적인 인식이 없으면
우리는 늘 행위 구원이라는 관점에서
벗어나지 못합니다.

성경에 수많은 왕이 등장하는데 왜 그중 다윗이
왕을 평가하는 하나님의 기준이 되었을까요?
다윗은 늘 하나님께 물었습니다.
간음, 거짓말, 살인의 죄를 지었지만
자기 죄를 깨달았을 때 철저히 회개했어요.
항상 자신 위에 왕 중의 왕이신
하나님이 계심을 알았습니다.
그래서 그는 하나님의 마음에 맞는 자가 되었습니다.

어떤 사람들은 간증을 듣고
"거룩한 강단에서 어떻게 더러운
죄 이야기를 하느냐!"고,
"앞으로 또 죄지을 텐데 그런
얘기는 하지 말라"고 합니다.
그러나 간증은 우리 안에 죄가
완전히 끊어져서 하는 것이
아니에요. 내가 약한 것을
인정하고, 고백함으로써 주님만
의지하기로 결단하는 것이
간증입니다.
그러므로 **우리의 간증은
강함이 아니라 약함을
자랑하는 것입니다.**

사탄이 총궐기하여 공격하는 암담한 상황에서
우리가 붙잡아야 할 것은 사탄을 이길 권세나
돈과 힘이 아닙니다. 바로 기도와 회개입니다.

회개한 사람의 특징은 혈기 부리지 않는 것이에요.
내가 회개한 만큼 화가 없어집니다.
내가 옳고 그름을 판단할 자격 없는 죄인임이
깨달아지기 때문입니다. 그 어떤 고귀한 사람보다도
'내 죄를 보는 사람'이 위대합니다.

죄 고백은 세상 경험이 많은 사람이 아니라
십자가를 경험한 사람에게 해야 합니다.
그럴 때, 우리는 회개하며 사명의 길로
나아갈 수 있습니다.

형 에서를 피해 도망가던 야곱이 돌베개 베고 자던
한 곳에서 하나님을 만납니다. 이때 야곱은 고백해요.
"여호와께서 과연 여기 계시다!"
특별히 '여기'라는 말이 아주 중요합니다.
여기는 광야이고, 아버지 집이 아닌
사망의 음침한 골짜기입니다.
죄인이 죄짓고 도망가는 현장입니다.
불륜의 죄, 탐욕의 죄를 짓고서
'나 같은 사람도 용서받을 수 있을까'
자책하고 있는 바로 그곳에
하나님이 계십니다.

우리는 잘된 일은 내 탓, 안된 일은 남 탓하기를 좋아합니다. 나의 고정관념으로 설명이 안 되는 일은 우연이라고 치부합니다. 이것도 불신이고, 교만이며 우상숭배입니다. 하나님이 모든 일의 주권자이심을 부인하는 것이죠.

아무 이유 없이 일어난 일이라고, 나와는 상관없다고 부인하는 것은 곧 하나님을 부인하는 우상숭배와 같다는 말입니다.

우리 인생은 한 뼘짜리입니다. 밑동 잘린 나무입니다. 내가 영원한 생명의 나라로 들어갈지, 아닐지는 이 땅에서 결정됩니다. '영생이냐, 영벌이냐'가 이 짧은 생 안에서 결정되는 거예요. 우리가 1분 앞의 일을 모릅니다. 그래서 오늘 내가 말씀을 들었다면, 오늘 회개해야 해요. 오늘 적용하고 결단해야 합니다.

우리 삶에서 일어나는 사건은 사실 현상일 뿐입니다.
바로 나의 죄가 문제의 근원이지요.
죄를 보지 않는 한,
우리의 인생에는 결코 해결이란 없어요.
나의 병든 영혼에 하나님의 말씀이 심길 때
완전한 치유와 해결이 일어납니다.

우리가 아무리 형통해도
회개하지 않으면
주님은 그 번성함마저도
'악행'이라고 결론을 내리세요.
참된 형통은 오직
하나님을 찾는 것입니다.

믿는 사람은 더 이상 죄를 짓지 않는 사람일까요?
아닙니다. 실수하고 넘어지고 죄를 짓더라도
또 십자가 앞에 나아와 자복하는 사람이에요.

어떤 사람들은 내가 죄의 유혹을 당했다는 것이 수치스러워 오픈하지 못합니다. 그러면 상처가 낫지 않아요. 하나님은 핍박보다 유혹이 더 힘들다는 사실을 아십니다. 우리가 두려움을 떨치고 오픈하면 하나님이 우리를 위해 싸워 주십니다.

간음을 고백하고 회개하는 지체를 보고
어떤 사람들은 "어떻게 저럴 수 있어? 도무지 이해가
안 되네"라고 합니다. 자신은 그런 죄와 상관없다며
맹렬하게 자기의 떳떳함을 내세웁니다.
그러나 이웃을 판단한 나야말로
하나님의 판단을 받아야 할 대상입니다.

인간은 본래 악하고 음란한 존재이기에,
나와 상관없는 죄는 없어요.
내가 아직 어떤 죄를 짓지 않았다면
그저 환경이 따라 주지 않았을 뿐이지요.
그러니 다른 사람이 회개할 때
긍휼히 여기며 함께 기도해야 합니다.

우리는 끊임없이 자신의 삶을 발가벗기며,
진실한 규범의 잣대로 하나님께 재평가받겠다는
각오로 내면세계를 다듬어야 해요.
오픈할 죄가 없어도 내 부족함을 드러내야 해요.
내가 회개가 안 된다고, 예배에 감격이 없다고,
성경이 깨달아지지 않는다고 솔직히 고백하면
성령이 도우시는 회개의 역사가 일어납니다.
이것이 바로 첫사랑을 회복하는 길입니다.

주님이 회개하라고 하시면 그 즉시
"주님, 제가 잘못했습니다" 하는
사람이 최고입니다.

길을 가다가도, 버스에서도, 운전하다가도
주님이 생각나게 하시면 회개하십시오.
"주님, 어제 김 집사를 미워했어요. 용서해 주세요."
"주님, 오늘도 다른 사람을 시기하고 깎아내렸어요."
"주님, 저는 해결되지 않은 탐심이 여전히 많아요."
즉시, 구체적으로 회개하세요.
오늘이 회개할 마지막 날일 수도 있지 않습니까?

이 세상에서 가장 고독한 사람은 죄를 고백하지 않고
자기 죄와 더불어 홀로 지내는 사람이에요.
주일을 지키고, 동역자들과 함께하고, 이웃을 섬겨도
철저히 외톨이일 수 있습니다.
죄 고백이 없는 신앙생활은 겉치레에 불과하기
때문입니다. 그러나 죄를 고백하면 저절로 공동체와
함께 십자가를 통과하게 됩니다.

참된 거룩과 진실은 내 죄를 보는 것입니다.

죄 덩어리인 내 인생을 보면서 아파하고
눈물 흘리는 것이 가장 진실하고 거룩한 삶입니다.

눈에 보이지 않도록 감춰서 그렇지 모든 집에는 정화조가 있습니다. 그런데 정화조를 덮어만 두면 계속 오물이 쌓여 갈수록 더러워지죠. 깨끗이 청소하려면 드러내야 합니다. 내 육신의 수치도 마찬가지예요. 내 수치를 드러내고, 내가 선한 것이 없음을 고백하면 주님이 그 모든 수치를 가려 주십니다. 아무리 화려한 옷과 지위로도 영혼의 수치는 가릴 수 없어요.

우리는 무엇으로 예수 그리스도의 십자가를 자랑해야 할까요? 바로 이 땅에서 내가 경험한 지옥을 고백하는 것입니다. 그 지옥 가운데서 내가 만난 하나님을 자랑하는 것이에요. 많은 사람이 자기 죄와 수치를 오픈하기 싫어서 육적인 자랑거리만 드러냅니다. 그러면 겉만 보는 사람들은 "참 고상하세요, 인품이 좋으세요"라고 하겠지요. 그러나 성경의 인물들은 다 자기 수치를 자랑합니다. 아브라함도, 야곱도, 다윗도 지질한 모습을 다 드러냈어요. 우리와 다름없는 그들의 이야기를 듣고 우리가 지금까지 은혜를 받고 있지 않습니까?

이 세상에서 가장 아름다운 감정은 회개입니다.

목장(구역 모임)에서 내 힘든 이야기를 열렬히 나눴는데,
리더가 "아니, 뭐 그런 걸로 힘들다고 그래" 하면
그다음부터 목장에 가기가 딱 싫어져요.
자기 의지를 강조하는 사람, '내 의지로 이기면 되지,
뭐가 힘들어!' 하는 사람이야말로
정말 회개가 안 되는 사람이에요. 우리는 인간이기에,
인간은 죄인이기에 힘들어야 정상입니다.

우리들교회에서 날마다 울려 퍼지는 죄 고백을
들어 보면 '악하거나, 음란하거나' 딱 두 가지입니다.
우리들교회 교인들은 이런 죄 이야기를 늘 들으며
예방주사를 맞고 가니 사건이 와도 놀라지 않아요.
그런데 그저 좋은 이야기, 아름다운 이야기만 하며
신앙생활 하는 사람들은 작은 고통의 사건이 와도
"하나님은 존재하지 않는다"라고 부르짖습니다.
악하고 음란한 세상에 사는 한,
우리는 고통과 떼려야 뗄 수 없는 존재입니다.
수많은 죄 고백을 들으며 우리의 비통한 현실을
정확히 인지하고 갈 때, 어떤 사건에도 놀라지 않고
좌절하지 않을 수 있어요. 죄와 더 잘 싸울 수 있습니다.

죄 사함만 강조하며 죄가 죄인지 인식하지 못하게
하는 교묘한 거짓을 분별해야 합니다.
죄는 회개해야 하는 것인데 "죄를 용납하는 것이
복음"이라고 가르쳐서는 안 됩니다.
예수 그리스도의 보혈로 내 죄가 씻기고 처리되어야
자유를 얻는 것이지, 마음 놓고 죄를 짓는 게
자유가 아니에요. 구원만 강조하면서
이후 성화(聖化)에 대해 가르치지 않는 것은
거짓 가르침입니다.

우리는 부활의 의미를 거창하게만 생각합니다.
그러나 부활이 다른 게 아니에요.
말씀을 듣고 내 죄가 깨달아져
회개의 눈물을 흘리는 것도 죽어 있던
내 영성이 다시 살아나는 부활의 사건이에요.

인간은 본래 거짓말을 잘하고 흠이 많아요.
구원받은 자라고 다르지 않습니다.
다만 세상과 다른 것은 나의 거짓말과 흠을 보며
아파한다는 것이에요. 꼬질꼬질하고 더러운 옷을
입은 사람은 또 다른 얼룩이 묻어도 신경 쓰지 않아요.
그러나 새하얀 옷을 입은 사람은 작은 티 하나만
묻어도 창피해합니다.
이것이 구별된 백성과 세상의 차이입니다.
구별된 삶을 사는 자는 작은 죄에도 아파하며
회개하는 사람입니다.

인간의 힘으로는 자기 죄를 볼 수 없어요.
오죽하면 “자기 죄를 보는 자는 죽은 자를 일으키는
자보다 위대하다”라는 말이 있겠습니까.
자기 죄를 보는 건 그야말로 난공불락의 성입니다.
입으로는 죄를 쉽게 고백해도 진정한 회개로
나아가기가 너무 어렵습니다.
그러나 정말로 의로워지기를 원한다면
자기 자신에 대해 절망하는
자리까지 가야 합니다.
그 자리에서 비로소
새 하늘과 새 땅이 시작됩니다.

죄 고백은 칭찬과 격려를 받길 기대하며 하는 것이 아니에요. 욕먹을 각오로 하는 겁니다.
그럼에도 너도나도 진실한 고백을 한 우리들교회를 하나님이 지켜 주시고 세워 주셨어요.

자신의 허물을 드러내는 진실한 고백이 공동체에 얼마나 큰 유익을 끼치는지 모릅니다.

죄의 문제가 해결되지 않으면 날마다 마음이 눌립니다. 반면에 우리가 뿌리 깊은 내 죄를 고백하면 하나님은 내 마음을 새롭게 하시고 유쾌하게 하세요(행 3:19). 그런 공동체는 유쾌함이 넘칩니다. 교양으로 모이면 별로 재미도 없고, 다들 시계만 쳐다보며 속으로 '언제 끝나나?' 딴생각만 하고 있을 것인데, 자기 죄를 솔직하게 오픈하니 눈물도 웃음도 넘쳐납니다.

사람들은 자기 죄를 솔직히 오픈하는 사람의 진실함을 좋아합니다. 물론 "저렇게 오픈하면 앞으로 교회는 어떻게 다니고, 결혼은 어떻게 하냐"고 묻는 사람도 더러 있어요. 그러나 저는 자기 죄를 진솔하게 오픈한 성도들이 오히려 취직도 잘되고, 결혼도 잘하는 경우를 숱하게 보았어요. 진실한 고백이 수반된 간증을 듣고 나타나는 반응이 바로 '은혜'이기 때문입니다.

언제, 어디서, 어떻게 죄를
오픈하느냐에 따라
같은 내용이라도 상대방이 다르게
받아들일 수 있습니다. 아무리
진실이라도 때와 장소에 따라
하지 말아야 할 말이 있는데,
내공이 쌓여야
이런 것도 분별할 수 있어요.
그래서 말씀을 통해 오픈의
미학을 배워 가야 합니다.

마구잡이로 죄를 오픈하면 안 되겠지요.
뱀같이 지혜롭고 비둘기같이 순결하게 해야 합니다.
십자가가 바로 지혜입니다.
지혜와 순결이 만나는 지점이 있는 것입니다.

십자가 지기 싫고 존귀한 자리에만 앉아 있으려 하니까, 오픈도 꺼려지고 신앙에 클클증이 납니다. 죄를 오픈하지 못하면 신앙의 길을 터 줄 다른 것을 자꾸 찾게 되고, 뜨거운 것으로 충족하고 싶은 욕구가 생겨요. 그러다 결국은 이상한 데로 빠지는 경우를 많이 보았어요.

목장에는 참석하지만 '괜히 이런 이야기까지
나누는 것 아니야?' 하고 자기 이야기를
오픈하기 꺼리는 분들이 간혹 있습니다.
오픈에 의문을 가진 사람은 아직 주님을
구속사적으로 만나지 못한 겁니다.
구원의 확신이 없는 것이에요.
하나님 앞에서 아직도 자기가 잘난 것이 있다고
생각하는 사람이에요. 은혜받은 사람은
자신의 부족함을 어린아이처럼 즐겁게 인정하고
받아들여요. 자기의 부족함을 보며 울 수도 있어요.

**은혜받은 사람은 오직 하나님만 전적으로
의지하며 기쁨으로 나의 모든 것을
드러낼 수 있습니다.**

무조건 죄를 오픈하라는 말은 아니에요.
믿음의 분량이 이르지 않았는데
마구 오픈했다가는 오히려 시험에 들 수 있어요.
그러므로 '때를 따라서' 하기 바랍니다.
반드시 믿음의 공동체에서 양육을 받아야 하고,
양육을 받은 후에도 어떤 고백을 해도
창피하지 않을 때 오픈하기 바랍니다.

chapter

3

그래서 고난이 축복이에요

하나님 사랑의 라스트 콜

“□□□항공 △△△편 ○○○행 탑승하시는 홍길동 승객님, 항공기가 곧 출발할 예정입니다. 게이트 XX번으로 신속히 와 주시기 바랍니다.”

비행기 탑승 마감 시간이 임박하면 항공사는 아직 비행기에 오르지 않은 승객들에게 탑승을 재촉하는 안내 방송을 합니다. 이것을 ‘라스트 콜(last call, 마지막 호출)’이라고 합니다. 라스트 콜 이후에도 승객이 탑승하지 않으면 비행기는 여지없이 떠나 버리고 말죠.

하나님도 우리를 향해 라스트 콜을 외치고 계세요.

"어서 구원의 방주에 탑승하라!"

날마다 우리를 부르십니다.

그런데 비행기는 놓치면 다음 항공편을 타면 되지만, 구원의 방주를 끝내 놓치고 나면 다음 기회는 없어요. '천국과 지옥, 영생과 영벌.' 모든 인생은 이 갈림길 앞에 놓여 있습니다. 구원은 받아도 되고 안 받아도 되는 것이 아니에요. 구원받지 못한 인생은 영벌, 영원한 지옥만이 기다리고 있습니다.

하나님의 소원은 우리 모두가 구원을 받는 것입니다(딤 2:4). 그 뜻을 이루시기 위해 하나님이 얼마나 우리를 인내하며 기다려 주시는지 모릅니다. 이제나저제나 우리가 회개하고 돌아오기를 손꼽아 기다리십니다. 하지만 우리는 스스로 돌이키기가 어려워요. 우리는 다 양 같아서 그릇 행하여 각기 제 길로 가기에 바쁩니다(시 53:6). 그래서 하나님이 '고난'으로 우리를 찾아오세요. 고난을 통해 내가 얼마나 무력하고 부패한 자인지 깨달을 때, 비로소 내 앞에 계신 주님을 바라보게 되기 때문입니다.

육이 무너져야 영이 살아납니다. 주님은 고난을 통해 죄에서 돌이켜 살아나고, 이제는 사명을 위해 살라고 말씀하십니다. 그러므로 오늘 우리에게 찾아온 모든 고난은 "주님이 저보다 옳으십니다"라는 신앙고백을 받아 내시려는 하나님의 뜨거운 사랑이에요. 그래서 이 말은 아무리 해도 지나치지 않는 것 같습니다.

여러분, "고난이 축복입니다!"

육적 위기는 그 자리에서 회개하면
더 이상 위기가 아니에요. 그러나 회개를 거부하는
영적 위기는 고칠 약이 없습니다.
답이 없는 위기입니다. 계속 자기중심성을
고수한다면 더 깊은 문제로 빠져듭니다.
두 손, 두 발 다 들고 말씀 앞으로 나아와야 합니다.

똑같은 고난이 와도 어떤 사람은
말씀으로 척척 해석하는 반면에
어떤 사람은 원망과 미움에 사로잡힙니다.
무슨 차이일까요?
'나의 죄를 깨닫는가,
깨닫지 못하는가'로
판가름 나는 것입니다.

우리에게 닥치는 여러 사건은 나를 회개의 자리로
부르시는 하나님의 나팔 소리입니다.
그런데 우리는 그 나팔 소리가 작다, 크다, 시끄럽다,
듣기 좋다 이런 것만 따지면서 회개하지 않아요.
판단을 내려놓고 나의 죄악에 대한
하나님의 엄중한 심판임을 깨달아야 합니다.
내 안의 죄악을 찾아 회개해야 합니다.

내 지질함을 아는 것 또한 은혜입니다.
그로 인해 하나님의 거룩 앞에서 날마다 무너지며
상한 심령이 되기 때문입니다.
상한 심령이야말로
하나님이 나를 하나님의 일꾼으로 쓰시기 위해
수준 높게 주신 선물입니다.

우리에게는 떠나고 싶고, 이혼하고 싶고, 죽고 싶은
온갖 이유들, 각양각색의 "~때문에"가 있습니다.
하지만 "~때문에" 내 마음대로 저지른 일은 또 다른
"~때문에"로 이어지게 됩니다.
이 땅에서 겪는 모든 고난은 불평하거나
억울해할 이유가 아니에요.
오히려 우리가 하나님께로 돌아갈 이유이며,
기도의 자리로 나아가게 하는 통로입니다.

우상숭배의 본질은 내 마음의 소원을 성취하려는
것입니다. 내 소원이 이루어지기를 기대하면서
우상과 언약을 체결하는 것과 같습니다.
만약 내 소원이 이루어지지 않아서
하나님을 원망하며 등 돌리고 있다면,
내가 우상을 숭배하고 있다는 증거입니다.

고난이 와서 원하는 것이 막히고 꺾이면,
내가 보고 싶은 것을 볼 수 없는 한계를 알게 됩니다.
그리고 그 매인 환경에서 정말로 보아야 할
주님의 십자가를 보게 됩니다.
십자가만 바라볼 수밖에 없는 고난이
그래서 축복입니다.

죄와 타협하는 것은 화를 불러오는 시작입니다.

부도덕하고 음란하게 살았어도, 교활하기 짝이 없어도, 거짓말쟁이에다 사기꾼일지라도 반드시 해가 돋습니다. 회개만 하면 칠흑의 밤 같은 인생에도 희망의 해가 떠오릅니다.

고난을 당하면 우리 입에서 자동으로 나오는 말이 있어요. "하나님이 계시다면 어떻게 이러실 수 있는가!" 우리는 자신이 늘 괴롭힘을 당하는 피해자라고 생각해요. 사건과 환경과 사람을 탓합니다. 고난의 참의미를 모르기 때문입니다. '하나님은 저 사람이 아니라 내게 말씀하시는구나, 하나님께는 오직 내가 구원받아야 할 주인공이구나' 깨닫는 사람이 고난 가운데서 진리를 발견합니다.

심판과 구원은 동전의 양면과도 같습니다.
이 땅에서 일어나는 모든 사건은
구원으로 연결되기에,
심판 또한 하나님의 사랑입니다.

어떤 사람은 고난마저 비교합니다. 주로 고난이
풀리기만을 바라는 사람들이 그래요. 제게도
"목사님의 고난이 무슨 고난이에요?
밥을 굶길 했어요, 헐벗었어요? 길거리로 내쫓기길
했어요?"라고 묻는 분이 여럿 있었습니다. 우리의
고난은 절대치입니다. 저에게는 고된 시집살이와
결혼생활이 죽음에 이르는 십자가 고통이었고,
그 고난을 통해 제가 주님을 만났습니다. 나아가
고난을 통해 사명을 찾게 되었습니다. 이것이 주님이
우리에게 고난을 주시는 목적입니다.

진정한 회개 없이는 내게 온
고난과 광야의 의미를
깨달을 수 없습니다.
내 속에 깊이 뿌리박힌 인본적
가치관도 깨달을 수 없습니다.
오직 십자가 앞에서 내 죄를
철저히 깨닫고
그 죄에서 돌이켜야
내가 사로잡힌 인본주의와
율법주의에 맞설 수 있어요.

뭘 해도 딱! 걸리는 사람이 있어요.
그러면 ‘재수 없어서 들통났다’고,
‘다른 사람들은 잘 넘어가는데 왜 꼭 나만 걸리나……’
하면서 화를 냅니다. 하지만 딱 걸리는 것이
축복입니다. 뭘 해도 딱 걸리는 사람이 택자입니다.
죄를 지어도 안 걸리고 탐심과 거짓으로 성공하다가
지옥을 영벌로 받는 것보다,
이 땅에서 죗값을 치르고 회개하여
천국을 상으로 받는 것이 더 유익 아니겠어요?

내가 아무리 열심히 달려도 하나님께로
방향 전환을 하지 않으면 결과는 심판일 뿐이에요.
행위보다 우리의 중심을,
마음을 먼저 돌이켜야 합니다.

가장 무서운 원수는 내 속의 원수입니다.
죄에서 비롯된 불안이 제일 무섭습니다.
그래서 내 안의 원수부터 다스려야 합니다.
제아무리 강력한 대적이 쳐들어온대도,
내 안의 죄 문제가 해결되면 평안할 수 있습니다.

천국에 입성하는 실력은 그리스도의 십자가와
부활을 믿는 믿음입니다.
나아가 회개와 속죄의 구원을 믿는 믿음이에요.
이것이 천국 문을 여는 열쇠입니다.

말라서 쩍쩍 갈라진 광야에서는 비 한 방울이 얼마나
감사합니까. 반면에 나일강에 아무리 물을 부은들
그 누가 감사하겠어요. 죽을 것 같은 환경일수록
주님의 은혜에 감사하고 감격하게 됩니다.
그래서 고난이 축복입니다.

하나님은 알파와 오메가,
처음과 마지막이십니다(계 22:13).
따라서 하나님께서 시작하신 고난이기에
하나님이 아니면 끝낼 자가 없어요.
하나님이 끝내실 때까지 기다려야 합니다.

인내는 억지로 꾹 참는 것이 아닙니다. 인내는 곧
소망이에요. 인생의 목적이 행복이 아니라 거룩임을
아는 사람은, 내 고난을 통해 하나님이 나를 거룩하게
다듬어 가심을 알고 감사할 수 있습니다. 이 땅에는
소망이 없기에, 주님이 계신 그 나라를 더욱 기다리게
됩니다. 이 세상보다 더 좋은 천국이 있기에
이 땅의 고난을 인내할 수 있는 것이에요.

참된 축복은 시험이 오지 않는 것이 아니라,
시험이 와도 인내의 말씀을 지킴으로
그 무게가 느껴지지 않는 것입니다.

내 원수의 최고 무기는 나를 죽이는 것이지만
나의 최대 무기는 내가 죽어지는 것입니다.
어디를 봐도 길이 없고 도움받을 곳이 없다면,
죽기를 작정하고 하나님이 끝내실 때까지
인내하십시오. 하나님은 끝까지 인내하는 자에게
생명의 면류관과 영생을 주십니다.

환도뼈가 어긋난 불구의 몸이 됐으니
더 이상 야곱은 도망갈 수 없습니다.
내 힘으로 에서를 피할 길이 막혔습니다.
이제는 하나님밖에 의지할 이름이 없습니다.
이것이 축복입니다.

인간은 죄 문제를 해결하지 못하면
좋은 환경이든 나쁜 환경이든 상관없이
끝없는 시험에 직면할 수밖에 없습니다.

사건이 왔을 때 '그래도 내가 예수 믿는 사람인데……'와 '내가 지금 죽게 생겼는데……' 중 어떤 말을 자주 하십니까? 힘든 사건을 어떻게 풀어 가는지 세상에 보여 줄 사명이 성도에게 있어요. 내가 만난 예수님이 얼마나 크신 분인지 세상에 전해야 합니다.

죄가 죄인 줄 모르고 반복하는
악의 결론은 귀가 막히는
것입니다. 하나님의 말씀을
듣지 못하게 되는 것이에요.
영적으로 깊이 잠든
나를 깨우시려고
주님이 고난을 허락하십니다.
그러므로 겸손한 환경이
축복입니다.

죄의 크고 작음이 중요한 것이 아니에요.
'사건을 통해 예수를 만났는가, 못 만났는가'가
가장 중요합니다. 오고 가는 사건을 통해
내가 죄인임을 깨닫는다면,
어떤 것도 성령의 역사가 됩니다.

성령님은 우리에게 새로운 삶을 주시며,
평생에 걸쳐 우리를 변화시키시는 분입니다.
그러나 성령은 인격적이고 초월적인 분이시기에
우리 생각대로 역사하지 않으십니다.
우리가 어떨 때 성령님을 만나게 됩니까?
불같은 시험에 심령이 가난해지면
성령세례가 임합니다. 그러므로 고난 가운데
성령세례를 사모하십시오.

구속사의 계보를 이어 가시기 위해 하나님은 택자를 더 혹독하게 다루십니다. 죄 가운데 술술 풀리는 것이 성공이 아니에요. 도리어 멸망으로 향하는 길입니다. 징계를 통해 나의 실체를 직면하고 돌이키게 하시는 것이 진짜 사랑입니다. 쓰디쓴 패배를 맛보고 낙심했습니까? 끝이 아니라 이제 시작입니다. 나의 능력과 계획이 다 무너진 그 자리에서 하나님은 새롭게 시작하십니다. 그래서 육이 무너지는 것이 축복이에요.

'내가 이 모양이니 죽어야 한다'라는
생각은 세상의 생각이고
마귀가 주는 착각이에요.
피투성이라도 살아야 하는 것이
성령의 생각이고
구원의 생각입니다.
피투성이라도 그저 살아만 있으면,
살아만 있으면!
성령님이 안아 주시고 만져 주시며
생명을 회복시키실 것입니다.

아무리 영광스러운 승리도
구원으로 이어지지 않으면 헛된 것입니다.
아무리 처참히 패배했더라도
구원으로 이어지면 실패가 아닙니다.
어디에서, 무엇에 패배했습니까?
하나님이 나를 구원하려고 허락하신
은혜의 시간입니다.

눈에 보이는 고난은 내 삶을 어렵게 하고
육신을 괴롭게 할 수는 있지만
내 영혼을 죽일 수는 없습니다.
눈에 보이지 않는 내 속의 생색과 억울함이
내 영혼을 태우는 가장 큰 대적입니다.

죽은 자도 살리시는 능력의 예수님이
세상을 위해 하신 일은 바로 십자가 지신 것입니다.
진정한 권능은 자기의 대단함을 보이는 게 아니라 사랑하고 인내하고 희생하며 죽어지는 것입니다.

하나님은 구원받은 우리에게 세상에 속한 사람들을
세상 밖으로 출애굽시키는 사명을 주셨습니다.
그러기 위해서 우리가 먼저 세상을 뛰어넘는
회개를 해야 합니다.

죽음과 같은 고난을 맛본 사람들이 전도도, 양육도
확신을 가지고 합니다. 그럼에도 우리의 주제가는
“주님, 고난 안 받고 신앙생활 하게 해 주세요”입니다.
내 고난의 크기와 장르를 정하며
한계에 머물러 있지 않길 바라요.
내가 경험한 고난만큼만 하나님이 나를 쓰십니다.

힘든 일이 올수록 '아, 하나님이 나에게 사명을 크게 주시려고 작정하셨구나' 여기십시오. 여전한 방식으로 나의 환경에 잘 매여 있기로 작정하면 그것이 사명이 됩니다.

내게 온 고난은 결코 재수가 없어서 온 저주의 사건이 아닙니다. 어떤 모양의 고난이라도 하나님이 내게 허락하신 데는 다 구원의 목적과 뜻이 있어요. **고난당해도 내 죄를 회개하고 주님을 의지하면 고난은 주님의 선물이요, 축복이 됩니다.**

예수님이 우리에게 주시는 세례는 성령과 불의 세례입니다. 구원과 심판이 함께 임하는 세례입니다. 예수 믿는다고 무조건 잘됩니까? 예수 믿어도 심판을 받을 수 있습니다. 그러나 내게 임한 심판이 내 죄보다 가벼움을 깨달은 사람, 불 심판을 통해 구원을 상급으로 받은 사람은 환경이 어떠하든지 영향을 받지 않습니다.

성도는 고난받는 일을 위하여 세움받은 자들입니다(살전 3:3). 그러므로 교회는 일관되게 장차 받을 환난에 대해 가르쳐 주어야 합니다. **우리가 십자가를 길로 놓고 말씀으로 해석하고 가면 환난 중에도 평안할 수 있습니다.**

내가 주님께 택함받은 것은 문제가 많아서도, 고난이 많아서도 아닙니다. 고통하고 아파하는 또 다른 사람을 살릴 사명을 내게 주신 것이에요. 그러니 이제는 내 고난에만 골몰해 있지 마세요. 고난을 버리거나 숨기려 하지도 마세요. 그 고난을 보석처럼 아끼고, 반짝반짝 닦아서 내놓으십시오.

chapter 4

딱풀 성도가 되세요

목장이 세계적인 대안입니다

우리들교회 청년부에서 만나 백년가약을 맺게 된 한 부부의 주례를 섰습니다. 결혼예배에 앞서 신부에게 듣기로 아버지가 불신자라기에, 주례사를 마친 후 제가 조심스럽게 권면을 드렸습니다.

"아휴~ 아버님, 사위와 딸이 이렇게 교회에서 만나 믿음의 가정을 이루게 됐는데, 이제 아버님도 교회에 나오셔야죠."

그러나 아버님은 아주 완고하셨습니다.

"저는 교회에 갈 생각이 추호도 없습니다. 목사들

은 좀체 믿을 수가 없어요!"

여러 번 다시 권면해도 꿈쩍도 하지 않으셨어요.

"한강 물을 통째로 가져다준대도 나는 절대로 교회에 안 갑니다!"

그 마음에 교회에 대한 상처가 너무나 뿌리 깊게 박혀 있었습니다.

그 어느 때보다도 교회에 대한 불신과 혐오가 팽배한 시대입니다. 불신자만 그런 것이 아닙니다. 교회에서 상처받고 떠나는 교인이 허다하다 하니 참으로 안타까운 현실입니다.

여러분 중에도 그야말로 '교회'가 고난인 분이 있을 거예요. "□□□ 목사님, △△△ 집사님, ○○○ 목자님(리더) 때문에 상처받았어", "왜 말도 안 통하는 지질한 사람들이랑 부대끼면서 내 시간을 낭비해야 해?", "나 혼자 잘 믿으면 되지 꼭 공동체에 속해야 해?" 하는 분이 있지요? 그래서 공동체는 나 몰라라, 예배만 딱 드리고 돌아옵니까? 온라인 예배만 드리고 있습니까? 맞아요, 교회도 완전하지 않습니다.

그러면 어떤 교회가 건강한 교회일까요? 멋있고 잘난 사람들이 모여 교양 있게 성경 공부하는 교회일까요? 그렇지 않아요. 저는 환난당하고 빚지고 원통한 자들이 모여서 주의 일을 하는 교회야말로 진짜 건강한 교회라고 생각합니다. 물론 문제도 생기겠지요. 말 그대로 '환난당하고 빚지고 원통한 자'가 모였으니 저마다 상처가 많지 않겠어요? 그래도 내 부족한 모습까지 솔직히 보이며, 서로 말씀으로 진단하고 처방하고 치료해 주는 곳이 최고로 좋은 교회입니다.

지상에서 가장 아름다운 교회라고 평가받는 초대교회 일원들도 미약하고 비천한 사람들이었습니다. 갈릴리 해변의 어부들, 온 백성에게 무시받는 세리, 일곱 귀신 들렸던 창기…… 이런 사람들이 모여 교회를 이루었어요. 그러나 하나님은 "세상의 미련한 것들을 택하사 지혜 있는 자들을 부끄럽게 하시려고" 이 땅에 교회를 주셨습니다(고전 1:27).

교회는 하나님 나라의 목격담을 말하는 작고 연약한 증인들이 모여 하나님 나라를 보여 주는 공동체입니다. 성도는 고난이라는 배지(badge)를 달고 끝까지 주님을 따르는 사람들이에요. 그런 나의 모습을 보고 사람들은 하나님 나라를 보게 됩니다.

그런데 '나' 혼자 신앙의 경주를 달리려 하면 금세

넘어지고 이탈하게 마련입니다. 함께 모여 달릴 때, 강한 '우리'가 되어 주님이 주신 사명의 길을 완주할 수 있어요. 그래서, 교회 공동체가 이 땅의 유일한 희망입니다. 우리의 살길도 하나뿐입니다.

"교회 공동체에 붙어만 가세요!"

믿는 우리가 세상에 보일 힘은 빅 파워(big power), 그랜드 파워(grand power)가 아니에요. 아주 작은, '마이크로 파워'(micro power)입니다. 우리의 작은 능력을 주께 내어드릴 때 하나님이 사랑하시는 자녀가 될 줄 믿습니다.

갈대의 특징은 군락을 이루고 있다는 것이에요. 갈대 하나는 가늘고 약하지만, 무리를 이루어 강인한 생명력으로 살아남습니다. 내가 상한 갈대임을 인정하며 공동체와 함께 걸어가면 세상이 줄 수 없는 자유함을 누리게 됩니다.

아무리 약점이 많아도
하나님의 교회는 희망이 있습니다.
***은혜의 공동체는 내가 99퍼센트도 아니요,
100퍼센트 죄인임을 아는 데서 출발합니다.***
그러므로 시작은 미약해도 시간이 지나며
서로 하나가 됩니다. 물론 문제도 생겨요.
'교회가, 교인이 어떻게 그럴 수 있어?' 실망하며
넘어질 수 있습니다. 그럼에도 불구하고 교회는
세상과 비교할 수 없는 공동체입니다.

교회가 축복 이야기를 하면
성도가 바글거리고,
고난 이야기를 하면
성도가 반으로 줄고,
죄 이야기를 하면
아무도 안 온다고 합니다.
그러나 **교회는 환난당하고 빚지고
원통한 자들이 모이는 곳이어야
합니다.** 성공·출세가 아니라
오직 십자가를 외치는 곳이
되어야 합니다.

나 홀로 말씀을 묵상하는 사람은 한계가 있습니다.
공동체에서 훈련받지 않고, 자신의 이야기를
나누지도 않으면 기복적인 신앙에 머무르게 됩니다.
믿음의 공동체 안에서 내 죄와 수치를 드러내는
훈련을 받지 않으면 아무리 열심히 큐티하고
신앙생활 해도 절대 변하지 않습니다.

최고의 제자는 배울 줄 아는 제자입니다.
배우려면 내가 모른다는 것을 인정해야 해요.
배울 줄 아는 것은, 곧 들을 줄 아는 것입니다.
다른 사람의 말을 잘 듣는 만큼 배웁니다.
이미 많이 아는 제자보다, 말씀으로 양육을 잘 받고
잘 듣는 제자가 되십시오.

핍박이나 고난이 잠시 멈출 때가 있어요.
이때는 숨을 고르며 더 멀리 뛸 준비를 해야 합니다.
그런데 대부분 잠시 평안하면 핍박이 끝난 줄로 알고
신앙생활을 쉬려고 해요.
그러면 세상으로 흘러 떠내려가고 말아요.
박해의 때도, 부흥의 때도 전부 하나님의 시간입니다.
그래서 고난당하든지 평안하든지
교회 공동체에 딱 붙어 지내야 합니다.

고난 가운데 있는 지체를 보고
'무슨 죄를 지어서, 어쩌다 저런 고난을 받나……'
판단합니까? 깨어 있는 성도는 고난의 간증을 들으며
자신의 옷깃을 여밉니다.
'아, 저 사람이 나 대신 고난받는구나' 하며
그를 위해 기도합니다.

교회는 하나님을 세상에 보여
주는 그리스도의 몸입니다.
그래서 좋은 교회를 만나면
인생의 방황이 그칩니다.

우리가 말씀으로 양육을 잘 받았는지, 아닌지 어떻게 알 수 있을까요? 바로 '얼마나 잘 기다리는가'로 알 수 있어요. 말씀으로 훈련된 사람은 다른 이의 말을 경청하고, 자신의 사건에서도 하나님이 일하실 때까지 잘 기다립니다. 우리가 다른 사람을 가르치려고 말씀 보고 공동체에서 양육을 받는 것이 아니에요. 잘 기다리고, 잘 경청하기 위함입니다.

교회의 진정한 자산은
건물이 아니고 사람입니다.
거듭나고 구원받은 사람이
바로 교회의 인재이자
기둥입니다.

우리는 현재 주어진 역할에 충실하면 됩니다.
그것이 리더에 이르는 시간을 앞당기는 비결입니다.
질서를 무너뜨리려는 사람은 영적 지도자가
될 수 없어요. 행여 내 위에 세우신 사람이 부족해
보이더라도 그 '역할'을 인정하고 순종해야 합니다.
나보다 어린 사람에게도, 학벌이 부족한 사람에게도
양육받을 수 있어야 해요. 그 사람의 어떠함이 아니라,
믿음으로 서로를 바라보는 것이 중요합니다.
그래야 교회가 믿음으로 세워질 수 있습니다.

찢긴 마음, 깨어진 자존심, 실패한 열심,
아무것도 남지 않은 위축된 내 모습을
하나님과 공동체 앞에 고하는 것이
진정한 예배입니다.

갑작스러운 고난은 우리의 믿음을 다 흔들어
놓을 만큼 파괴력이 셉니다.
그럴 때 우리는 어떻게 대처해야 할까요?
의심이 생겨도 여전한 방식으로 예배의 자리를
굳건히 지켜야 해요.
의심의 치료제는 오직 믿음뿐입니다.
혼자서는 믿음을 지킬 수 없기에,
하나님이 묶어 주신 공동체인 교회로
나아가 지체들과 모여 예배해야 해요.

내 인생에 소동이 일어나야 내 실체를 감추고 있던 가식의 포장이 벗겨지고 회개하게 됩니다.
그런데 소동이 일어났을 때 가장 하기 어려운 일이 질서와 원칙을 지키는 것입니다.
질서와 원칙을 지키기 위해 우리는 무엇을 적용해야 할까요? 영적 적용은 매일 큐티하는 것입니다. 그리고 육적인 적용은 믿음의 공동체에 들어가 날마다 물어보는 것이에요.
행여 공동체 리더가 부족해도, 내가 공동체에 물어보았다는 것만으로 하나님이 긍휼을 베푸십니다.

인생의 흉년은 하나님으로부터 등 돌린 내 삶의 결론이에요. 흉년을 해결하자고 가정을 떠나고 교회를 떠나서는 안 돼요. 흉년일수록 하나님이 말씀으로 세우신 가정과 교회에 딱풀처럼 붙어 있어야 합니다. 붙어만 있으면 수지맞을 줄 믿습니다.

견고한 여리고 성은 하루 만에 무너지지 않았어요. 7일 동안 침묵하며 여리고 성 둘레를 열세 바퀴를 돌라는 하나님의 명령에 백성이 순종하자 마침내 무너졌습니다. 하나님은 성을 무너뜨리는 것보다 그 과정을 더 중요하게 여기셨습니다.
우리 신앙도 그렇습니다. 하나님은 내가 얼마나 말씀 중심으로 사는지, 구별된 가치관으로 사는지, 예배 공동체를 우선하는지를 보십니다.

하나님은 창세기부터 계시록까지 일관되게 하나님'만' 섬기라고 말씀하세요. 그런데 우리는 하나님'도' 섬기며 삽니다. 하나님'도' 섬기는 신앙은 실상 하나님을 섬기지 않는 것이에요.

우리가 어떻게 사람을 살릴 수 있을까요. 말을 잘해서 살리는 게 아닙니다. 힘든 사람을 공동체에 붙어만 가도록 돕다 보면, 어느 날 하나님이 그에게 말씀하시는 때가 옵니다. 힘든 지체가 교회에 붙어 가도록 돕는 것, 그것이 목장의 목적입니다.

교만한 사람은 남의 말을 절대 안 듣습니다.
아무리 좋은 권면을 해 주어도 "네가 감히!" 하며
귀를 막고 화를 자초합니다.
"그게 아니고요, 내가 옳아요!"를 외칩니다.
공동체 지체들의 권면을 잘 듣는 것이
교만한 우리의 귀를 여는
최고의 비결입니다.

***두렵고 슬프고 놀라는 사건이 찾아왔을 때
낮아져서 눈물을 흘리는 사람에게
소망이 있습니다.***

하지만 연약하여 절망의 자리, 우울의 자리,
죽음의 자리로 내려가는 것이 우리 본성입니다.
그래서 말씀으로 인도해 줄 믿음의 지체가
반드시 있어야 합니다.

하나님은 아무리 대단한 동물도, 아름다운 별도
자기 형상대로 창조하지 않으셨어요.
오직 인간만을 자신의 형상을 따라 지으셨습니다.
아무리 하찮고 연약해 보이는 사람일지라도,
하나님의 형상을 따라 지어진 존재입니다.
하나님의 붕어빵입니다.
그런데 우리는 붕어빵끼리 서로 다투고 미워해요.
붕어빵을 하나님처럼 섬기기도 하고,
벌레처럼 무시하기도 합니다.
그것이 얼마나 어리석은 일인지 몰라요.

일단 교회에 와서 예배에 앉아 있다는 것만으로도 택자입니다. 말씀을 듣고 적용해도 실패하고 넘어질 수 있어요. 믿음의 분량이 각자 다르기 때문입니다. 그럼에도 공동체에 붙어 내 속의 독과 악을 토해 내십시오. 말씀의 권면을 들으세요. 하나님의 말씀이 살아 있는 '해독 공동체'에 붙어만 있으면 하나님이 책임지고 인도하십니다.

우리는 하나님 말씀에 온전히 집중할 수 없어요.
오직 말씀이 우리를 붙잡아 주어야
살아갈 수 있습니다.

그러기 위해 말씀을 듣는
구조 속으로 들어가야 합니다.

한결같이 구속사 말씀이 선포되고,
그 말씀대로 믿고 살고 누리는
공동체 안에 거해야 합니다.

도무지 끊어지지 않는 악을 끊는 가장 좋은 방법은 무엇일까요? 바로 그 악과 정반대에 있는 일, 구원의 일에 동참하는 것이에요. 그래서 교회에서 봉사하는 것은 교회를 위한 것이 아니라 나를 위한 것입니다. 지체들과 함께 그리스도의 몸 된 교회를 섬기면서 ***주 안에 거하다 보면, 도무지 끊어지지 않던 악도 딱 끊어지는 은혜를 누리게 됩니다.***

살아나는 사람이 많은 곳에
살고 싶은 사람들이 모여들기 마련입니다.
이것이 교회 공동체가 부흥하는 원리입니다.

전쟁 같은 중차대한 사건에만
하나님이 역사하시는 것이
아닙니다. **우리가 공동체 안에서
한 영혼을 살리고 돌보는 사명을
감당하면 신비하게도 우리 속에
두려움이 사라집니다.**
이것도 하나님의 역사입니다.

우리는 주님이 나에게 맡기신 역할을 피하려고만 합니다. 툭하면 직분을 내려놓겠다고, 그만 섬기겠다고 합니다. 내가 부족해서, 가진 게 없어서 섬길 수 없다고 합니다. 이것은 주님이 아니라 나를 의지하기 때문입니다. 주님을 사랑하는 척하면서 나를 더 사랑하는 불신앙적인 모습입니다.

환경이 바뀌어도
내가 바뀌지 않으면 똑같습니다.
내가 변화될 길은 공동체에 딱 붙어서
날마다 큐티하고 예배드리며 주님의 약속을
기억하는 것뿐입니다.
이 평범한 일상을 귀히 여기기를 바랍니다.

chapter

5

사람은 믿음의 대상이 아니에요

사람은 사랑의 대상, 구원의 대상입니다

'손절(loss cut)'이란, 주식을 매입했는데 예상과 달리 주가가 떨어질 때 더 큰 손실을 막고자 손해를 감수하고서라도 매도하는 것을 말합니다. 그런데 요즘은 인간관계에서도 이 '손절'이라는 말이 유행입니다. 자신에게 이롭지 않은 사람이라고 판단되면 더 이상 에너지를 쓰지 않고 과감히 관계를 끊어 내는 것이에요.

그런데 여러분, 딱! 싫은 그 사람을 딱! 끊어 내면 좋겠지만 그럴 수 없는 관계도 있잖아요. 너무 밉고 싫어서 속이 부글부글 끓어도 어쩔 수 없이 마주해야 하는 사람이 있습니다. 심지어 나를 끊임없이 괴롭히는 사람, 나를 이용만 하는 사람, 나를 배신한 사람과도 함께 가야 할 때가 있습니다. 거기에 인생의 어려움이 있어요. 그래서 우리 고난의 8할이 인간관계라고 해도 과언이 아닙니다.

성경 역사상 가장 위대한 왕이요, 하나님께 "내 마음에 맞는 사람"이라 칭찬받은 다윗도 그랬습니다. 그의 일대기를 한 줄로 요약하면 '믿었던 사람에게 상처받고 배신당한 인생'이라고 할 수 있습니다. 자신이 충성을 다한 사울에게 쫓기고, "사울은 천천이요, 다윗은 만만이로다" 노래하던 백성마저 다윗을 배반했습니다. 그뿐입니까? 다윗의 심복을 자처하면서 다윗의 아들 압살롬을 가차 없이 죽인, 정말이지 죽일 수도 살릴 수도 없는 요압과도 평생 함께해야 했습니다.

그렇다면 하나님은 다윗에게 왜 이와 같은 아픔을 허락하셨을까요? 배신은 심장을 찌르는 듯한 고통이지만, 우리 삶에 뼈와 살이 되는 경험이기도 합니다. 사람은 믿음의 대상이 아님을 아는 것이 얼마나 인생의 고통을 쉽게 넘어가게 해 주는지 몰라요. 그래서 배신당하는 것 또한 우리를 돌보시는 하나님의 사랑이에요.

나도, 상대도 100% 죄인임을 알고 오직 하나님만이 구원이심을 고백하는 것이 우리가 인간관계의 고통에서 벗어나는 지름길입니다. 그러기 위해 가장 위대한 '인간론'인 성경을 통해 인간이 얼마나 악하고 약한 존재인지를 배워야 해요. 그러니까 이 말은 제가 지어낸 것이 아니라 성경의 가르침입니다.

여러분, "사람은 믿음의 대상이 정말 아니에요!"

누군가를 판단하고 욕할수록 더 감정에
사로잡혀 미움의 노예가 됩니다.
***내가 미움에서 벗어나는 방법은
오직 회개뿐입니다.***

미운 사람이 있습니까? 그는 하나님이
"네 모습 좀 봐라" 하며 내게 보내신 편지입니다.
미운 그 사람은 곧 나를 비추는 거울이에요.
그를 통해 나의 미운 모습을 직면하고 회개해야
합니다. 도대체 언제까지 "내가 맞고 네가 틀렸다"
"누구를 죽여라, 살려라" 이러시겠습니까?

모두가 나에게 칭찬만 하고
좋은 말만 해 준다면,
내가 편하지 않은 사람이라는
뜻입니다.
**어떤 말도 잘 들어 내는 사람이
편안한 사람이고, 편안한 사람이
곧 거룩한 사람입니다.**

어떤 말을 들어도 "맞아요, 제가 그런 말을 들어도 할 말 없는 죄인이에요. 제가 잘못했네요"라고 답할 수 있다면 지옥을 살지 않게 됩니다. 내가 죄인임을 인정하는 사람에게는 하나님의 한량없는 평안이 임하기 때문입니다.

하나님께서 우리를 사용하시고자 영적인 통치권을
주시면, 낮은 자리에서도 주인의식을 가지고
통치할 수 있게 됩니다. 그 비결은 무엇일까요?
바로 종노릇을 잘하는 것입니다. 하나님은
모세 곁에서 종노릇을 잘한 여호수아를
이스라엘 통치자로 삼으셨습니다.

환난에서 건짐을 받는 것은
종노릇 잘하는 것과 동의어입니다.

언제나 끼고도는 것은 사랑이 아닙니다.
주님의 시각으로 보는 것이 참사랑입니다.
그래서 때로는 냉혹하게 정리해야 할 사람도
있습니다.

내가 환난 가운데 예수님을 깊이 만나면, 나를
환난에 끌어들인 원수에 대한 고정관념도 깨집니다.
'저 사람이 없었다면 과연 내가 어떻게 예수님을
만났겠는가' 하고 깨닫게 되는 것이죠. 우리가
말씀으로 발상을 전환하는 만큼 상대가 이해되고
지경이 넓어집니다.

자꾸 어디에 가서 무슨 자리에라도
끼려고 하니까 인생이 슬프고
외롭고 헛헛합니다.
만날 여기저기 기웃기웃하니까 추해지고
매력도 사라집니다.
하나님은 자신을 드러내지 않고,
주어진 자리에서 말씀을 지키고자
노력하는 사람을 쓰십니다.

날마다 다른 사람을 도우면서 이타적으로 살면,
그것이 언젠가는 나를 살리는
가장 강력한 무기가 됩니다.

믿음의 결정은
항상 손해 보는 결정,
십자가 지는 결정입니다.

세상은 우리에게 더 특별해지라고 합니다.
그러나 주님의 제자는 평범하게 자기 자리를
잘 지키는 사람이에요. 그저 한 사람으로,
원 오브 뎀(one of them)으로, 묵묵하고 한결같이
자신의 역할에 최선을 다하는 사람입니다.

주님이 쓰시면, 그 평범한 한 사람이
가장 비범한 사명을 감당합니다.

내가 교만하다는 증거는 뭡니까? 칭찬받고
인정받기를 원하면 교만한 사람입니다.
내가 겸손하다는 증거는 뭘까요?
누구도 무시하지 않으면 겸손한 사람입니다.

"나는 진짜 죄 없어, 잘못이라곤 요만큼도 없어!"라고
부르짖습니까? 이 세상에 억울한 일은 없어요.
어떤 일이든지 분명히 내게도
책임이 있습니다.
이 사실을 인정하는 것이 믿음입니다.

배신은 늘 가까운 사이에서
일어납니다. 그러므로
예수 믿는 사람의 사전에는
"네가 그럴 줄 몰랐다"라는
말은 없습니다.

예수님은 처절한 십자가 고통 속에서 신 포도주는 받으셨어도 쓸개 탄 포도주는 받지 않으셨습니다. 쓸개 탄 포도주는 일종의 마약으로 고통을 덜어 주는 역할을 했습니다. 착함으로 십자가를 질 수 없어요. 십자가 길은 마지막까지 분별하는 것입니다.

거절하지 못하는 착함으로 내가 망하고 집안이 망하고 나라가 망할 수 있습니다.

상대를 변화시켜 보겠다고
우리가 얼마나 논쟁합니까.
그런데 논쟁한다고
온전한 결론이 나던가요?
방황을 멈추게 할 답은 말이 아닌
변화된 삶에 있습니다.
구원의 확신은 오직
삶의 변론으로 나타납니다.

늘 자신에게 유리한 상황을 만들어 내려 하는 사람은 평안할 수 없습니다. 하나 다음에 둘, 둘 다음에 셋을 계획하고 애써 진행해야 하는 삶이 힘에 부치기 때문입니다. 그러나 지금의 자리가 사명의 자리임을 아는 사람, 내 환경을 감사하는 사람은 평안을 누립니다. 하나님이 내게 열어 주신 상황에 자족하며, 하루하루 순종하는 삶 자체가 평안이기 때문입니다.

어떤 사건과 사람 때문에 무릎 꿇게 되었습니까? 그것이 축복입니다. 우리는 스스로 무릎 꿇을 수 없는 교만한 존재이기에, 하나님은 사람의 매와 인생의 채찍으로 우리를 낮추십니다. 그럼으로써 구원의 길에서 벗어나지 않고 성령에 매여 사명 감당하는 인생을 살게 하십니다. 우리에게 간절한 기도의 영성을 허락하십니다.

나의 입을 닫고 혈기를 참는 것은
내 생각이 죽어질 때만 가능합니다.
그것이 이 시대의 순교입니다.

난감한 질문을 받았다면, 내 감정과 생각을 앞세우지 말고 아침에 묵상한 큐티 말씀을 기억하세요.
잠시 심호흡을 하고, 오늘 본문에 나온 단어 하나라도 생각하면서 그 의미를 길로 놓고 대답하세요.
이렇게 성령님이 할 말을 알려 주시길 기도하며 대답할 때, 하나님이 가장 복된 길로 인도하실 것이에요.

하나님의 뜻을 잘 모르겠다면, 우선 나에게 손해가 오더라도 상대방을 배려하는 적용을 하면 틀리지 않을 때가 많아요. 상대의 구원을 위해 이타적으로 적용하면 나중에라도 성령님이 반드시 가르쳐 주세요. 그러니 염려하지 말고, 늘 말씀으로 인도함을 받길 바라요.

모세가 하나님께 계명을 받기 위해 자리를 비웠을 때 아론이 백성이 요구하는 대로 금송아지를 만들었습니다. 아론은 모세만큼 고난도 없고, 하나님과 깊이 교제하지도 못했어요. 모세와 아론, 이 두 모델을 보며 모세처럼 미디안 양치기 생활 사십 년을 거친 사람과 거치지 않은 사람은 하늘과 땅 차이인 것을 알았습니다. 리더십은 성령의 도우심과 말씀, 고난의 훈련을 통해 단련되는 것입니다. 성품에서 나오는 것이 아니에요.

*거듭난 사람은 자신을 잘 부인하고,
잘 깨어지고, 잘 망가집니다.*

분노의 밑바닥에는 두려움이 있습니다. 두려움을 극복해 보려고 애쓰는 과정에서 생기는 감정이 바로 분노입니다. 따라서 분노하는 사람 속에도 두려움이 있습니다. 내 예상과 다를까 봐, 기대가 무너질까 봐 두려운 것이에요. 그러나 어떤 사건이 와도 택자인 우리는 두려워할 필요가 없습니다. "하나님을 믿으니 또 나를 믿으라." 예수님이 말씀하셨잖아요.

모든 것을 아시고 이루시는
하나님이 우리와 함께하십니다.

말씀을 듣고 적용하는 누군가를 보고
'진정성이 있는가, 없는가' 판단하지 마세요.
우리가 타인에게 기대하는 그 진정성보다,
말씀을 믿는 믿음과 순종을
하나님은 더 크게 보십니다.

내가 힘들어도, 마음에 온전히 내키지 않더라도
말씀에 순종하면 하나님이 인정해 주십니다.
내 판단과 감정보다 더 크고 중요한 것이 구원이에요.

내가 당한 배반을 통해
내가 얼마나 주님을 배반하는
자인지 깨닫는 것, 이것이
구원의 기회를 잡는 길입니다.

압살롬이 반역했을 때 다윗은 그저 "불쌍히 여겨 주시옵소서!"라는 기도밖에는 할 수 있는 일이 없었어요. 저도 항암을 하면서 그것이 최고의 기도임을 체험했습니다. 사람을 의지하지 않고 잘 듣고, 잘 살고, 잘 죽기 위해 우리는 "불쌍히 여겨 주시옵소서!"라고 부르짖을 수밖에 없습니다.

성령을 받으면 우리의 말과 행동에
군더더기가 없어집니다.

성령 충만은 막힌 것이 뚫리는 것이에요.
나의 옳고 그름이 성령 충만을 받는 데 가장 적입니다.
좋고 싫은 것이 너무 분명하고,
용납이 안 되는 사람이 있다면
아직 성령 충만하지 않은 것입니다.

죄의 삯은 사망입니다. 그러므로 내 속에 죄가 있으면, 죄가 나를 죽음으로 끌고 갑니다. 용서하지 못하는 불순종이 내 속에 있으면 사망의 냄새가 나를 뒤덮어 버려요. 상대를 원망하고 미워하는 마음이 내 삶을 틀어쥐고 뒤흔듭니다. 상대를 불쌍히 여기지 못하는 그 마음 자체가 얼마나 지옥인지 몰라요.
내가 일만 달란트 탕감받은 인생임을 생각하면(마 18장), 우리는 다른 사람을 용서할 수 있습니다.
그래서 최고의 복수는 용서입니다.

하나님은 악한 나를 위해
나보다 조금 더 악한 몽둥이인
사람과 사건을 보내십니다.
이것이 우리를 훈련하시는
하나님의 방법입니다.

이 세상은 능력만을 최고로 여깁니다. 그러나 부인이 능력 있다고 남편을 무시하는 집이 바로 지옥입니다. 상사보다 훨씬 똑똑한 부하가 상사를 우습게 보고 반역하는 회사가 바로 지옥입니다. 내게 능력이 있어도 겸손히 질서와 역할에 순종할 때 하나님이 기뻐하시는 영적 열매가 주렁주렁 열립니다.
교회도 그래요. 학벌, 지위, 재산, 능력으로 서열을 매기기 시작하면 그곳은 교회가 아니라 도리어 지옥이 되고 맙니다. 아무것도 없고, 병들고 힘들어도 예수를 믿기에 귀하게 여김받는 곳,
교회는 그런 곳이어야 합니다.

항상 공로는 남에게, 책임은 나에게 돌리는 사람이
다른 사람을 주님께 인도합니다.

무슨 일이건 사람이 없으면 안 해야 합니다.
'왜 나를 아무도 몰라보지?' 이런 마음이 든다면
그때는 일하면 안 돼요.
내가 예수의 일,
이타적인 구원의 일을 하려고 할 때,
그것이 하나님의 뜻이라면
반드시 돕는 사람을 붙여 주십니다.

지나온 인생을 떠올려 보면,
제가 얼마나 수많은 거절을 겪었는지 몰라요.
그 모든 거절을 수용할 수 있었던 것은
'내가 얼마나 자격 없는 죄인인가'를
깨달았기 때문입니다.

하나님을 높이는 언어는 사랑의 언어,
따뜻한 언어, 정결하게 하는 언어예요.
인생 문제의 대부분이 인간관계입니다.
그리고 불협화음을 일으키는 데는
언어가 크게 작용하지요.
"사랑해", "미안해", "고마워"라는
새 방언으로 막혔던 관계가 뚫리고
회복되기를 바랍니다.

우리에게 있는 것은 오늘과 내일뿐입니다.
오늘을 어떻게 사느냐가 중요합니다. 오늘이 내일을
만들기 때문입니다. 그러므로 비전을 가지십시오!
세상적인 것 말고 거룩한 비전을 품기를 바랍니다.
'내가 어디서 무엇을 하느냐'보다 중요한 것은
'무엇 때문에 그 일을 하느냐'입니다.

**모든 사람에게
칭찬받으려는 것은 욕심이고,
불신앙적인 모습입니다.**

성숙한 사람이란,
곧 주제 파악을 잘하는 사람입니다.

내 자리가 어디인지, 나의 한계를 깨달아야 비로소 겸손해집니다. 높은 자리는 영원히 살 자리가 아니라 언젠가 반드시 내려와야 할 자리입니다. 칭찬받고 환호받는 자리가 독이 될 수도 있습니다.

내가 심판의 주체가 되어서는 안 됩니다.
손해를 보더라도 내 손으로 상대를
심판해서는 안 됩니다.
내게 돈이 있고 권세가 있어도
하나님의 때를 기다려야 해요.

사탄이 마음에 가득할 때는 스스로 거짓을 말하고
있다는 괴로움조차 느끼지 못합니다.
그래서 악을 행하기에 더욱 담대해집니다.
부정과 거짓이 조금 개입되더라도
목적과 결과가 좋으면 그만이라고 생각합니다.
아무리 경건을 가장해도 사탄이
그 마음을 주관하고 있다면
언젠가는 반드시 실체가 드러나게 마련입니다.
사탄에게는 사랑이 없기 때문입니다.

믿는 자에게 사소한 전쟁은 없습니다.
사실, 승리한 순간이 가장 위험한 때입니다.

***우리는 내가 피해와 손해를 볼 것 같으면
본능적으로, 전자동으로 분노합니다.***
그러나 하나님이 원하시는 거룩한 분노는
이런 감정 폭발이 아니에요. 하나님이 분노하시는
대상은 언제나 죄악입니다. 그러므로 죄 때문에
좌절하고 분노하는 사람이 곧 하나님의 사람입니다.
죄에 대한 분노는 바꾸어 말하면 구원을 위한
애통함입니다. 이런 애통함으로 다른 사람을
주께 인도하는 사람이 성도입니다.

"힘들어서 더는 못 살겠다" 외치는
한 영혼에게 해 줄 수 있는 최고의 권면은
"예배 한번 나와 보세요"입니다.

"나는 옳고 당신은 틀렸다"라는 마음으로는
힘든 사람을 살릴 수 없어요. "나도 그랬다"라는
마음으로 형제 의식을 가질 때,
사람의 마음을 얻고 구원으로 인도할 수 있습니다.

"예수 믿으면 다냐?" 내게 따져 묻는 사람이 있다면,
"나에게 어떻게 구원을 받았느냐고 물으신다면……"
하고 상대의 질문을 바꾸어 말해 보세요. 대화가
구원에 초점이 맞춰지도록 이끌어 가 보십시오.
**이처럼 악한 질문도 구원의 질문으로 바꾸어
대답하는 사람이 성령의 증인입니다.**

베드로는 "너희가 새 술에 취했다" 하며 성령 강림의
역사를 조롱하는 자들을 향해 "너희 생각을
뛰어넘는 것이 있다"라고 부드럽게 설명했습니다.
누가 뭐라든 이렇게 보편적인 언어로,
온유한 태도로 나아가는 것이
세상을 끌고 가는 능력입니다.

'빚진 주제에, 공부 못한 주제에, 바람피운 주제에…….' 전도할 때, 내 과거를 문제 삼아 복음을 훼방하는 사람이 꼭 있습니다.
그래도 열 번에 아홉 번은 그를 부드럽게 대하려고 노력해 보세요. 그러지 않고 자꾸 억하심정을 품으니까 "네가 나한테 뭘 보태 줬냐!"라는 말부터 나가는 겁니다. 하나님과 관계가 막혀 있어서 인간관계도 막히고, 말씀 적용도 안 되는 거예요.

전도는, 믿지 않는 이들을 교회로 데려오는 것을 넘어
그들에게 영생의 모습을 보여 주는 것까지예요.
힘든 자녀를 품고 말도 안 되는 배우자와
이혼하지 않는 것, 이처럼 이 세상 사람들은
죽었다 깨어나도 하지 못할 적용을 우리가 할 때
비로소 예수님이 빛나십니다.
여전한 방식으로 충성되게 살아내는 것이
삶의 전도이며, 하나님을 찬양하는 태도입니다.

악하고 음란한 세상에서
"좋은 게 좋은 것"이라는 말은 복음이 아니에요.
구원을 위해 늘 말씀을 기준으로 놓고
거짓 화평을 깨뜨릴 수 있어야 합니다.

말씀과 전혀 상관없이 살았던
내 인생이 말씀 앞에 섰다면,
이제 주님이 맡기신 그 한 사람을
말씀 앞에 데려다 두어야 합니다.
그것이 우리의 사명이에요.

정말 힘든 사람은 복음이 나팔 소리처럼 울리는데도 들리지 않아서 진도가 안 나가는 사람입니다. 말씀을 못 알아듣는 그 한 사람이 내 곁에 있다면 축복입니다. '내가 성령과 지혜가 충만한가, 아닌가'는 '내 옆 사람이 어떻게 변화되는가'로 증명됩니다.

헤어질 때의 반응이
그 사람에 대한 진정한 평가라고
해도 과언이 아닙니다.
항상 처음보다 끝이 좋은
우리가 되어야 합니다.

우리는 평범함을 견디지 못하는 시대를 살고 있습니다. 모두가 특별한 대접을 받고 싶어 하고 특별한 권리를 누리길 원합니다. 하나님은 이미 우리를 특별한 소유로 삼으셨고, 거룩한 나라와 왕 같은 제사장으로 삼으셨습니다. 천지를 지으신 예수님의 생명만큼 우리 생명을 특별하게 대접하십니다. 이 얼마나 놀라운가요? 그러니 이제는 하나님의 자녀 된 특별함에 인생의 닻을 내리길 바랍니다. '누가 나를 특별 대접해 줄까' 세상에서 찾아 헤매지 마세요. 매일 평범하게 말씀 붙들고 사는 것이 가장 비범한 삶입니다.

chapter

6

내 주머니부터 회개해야 해요

'어떻게 돈을 쓰는가'가 나의 신앙고백입니다

자신을 가리켜 "돈을 정말 사랑했던 자"였노라고 고백한 한 권사님이 계십니다. 여러분은 돈이 생기면 뭐부터 하세요? 보통 예쁜 옷이나 최신 전자기기 등 당장 내 눈에 좋아 보이고, 내 육신이 누리고 싶어 하는 것들에 우리는 돈을 씁니다. 하지만 권사님은 그보다 차곡차곡 돈을 모으는 데 힘썼어요. 학창 시절에도 용돈을 받으면 하고 싶은 것 딱 한 가지만 하고 나머지 돈은 전부 저축했습니다. 교회에 다닌 후로도 십일조 드리는 것 외에는 대부분 저축했습니다. 그래서 또래에 비해 꽤 많은 돈을 모았죠. 이런 습관은 결혼 후에도 이어져 시어머니에게 '무한 신뢰'를 받았답니다. 다른 사람들도 칭찬하고 권사님도 자신을 자랑스럽게 여겼습니다.

그러던 어느 날, 권사님에게 날벼락 같은 사건이 닥쳤습니다. 사업하는 친척 언니에게 돈을 빌려주었는데 그만 부도가 나서 한 푼도 돌려받지 못하게 된 것입니다. 아니 여러분, 그 돈이 어떤 돈입니까? 권사님이 온 마음을 담아 한 푼, 두 푼 애지중지 모은 돈이잖아요. 그러니 얼마나 속상했겠어요. 자그마치 사흘 밤을 잠도 못 잤답니다. 그러나 그 일로 권사님은 마침내 하나님 앞에 돈을 내려놓게 됐습니다. 자신의 죄가 깨달아졌기 때문입니다. 언니에게 돈을 빌려주고 이자를 받아 이익을 챙기려 한 밑바닥 욕심이 보인 것이에요. '내가 돈을 빌려준 목적이 거룩과는 전혀 상관없었구나', '그동안 열심히 돈을 모은 이유도 돈이 주는 안락함을 두고두고 누리고 싶어서였구나', '내가 하나님이 아닌 돈을 의지하면서 살았구나!' 비로소 자신의 현주소를 직면하게 된 것입니다.

그 후로도 권사님은 삶이 녹록지 않았습니다. 남편이 외도하고 부도나서 구속되는 등 기가 막힌 고난을 연이어 겪었습니다. 경제적으로도 어려움이 찾아왔습니다. 그러나 돈이 없어지고부터, 권사님의 영이 바로 세워지기 시작했습니다. 다음은 권사님은 고백이에요.

"제가 쓸 수 있는 돈이 없어지자 그야말로 말씀만 붙들며 다른 이의 영혼 구원을 위해 간구하게 되었습니다. 돈을 가지고 섬겨 보았지만 그것으로 형제의 영혼을 구원하기엔 아주 미미한 보탬밖에 되지 않는다는 걸 알게 되었습니다. 더불어 풍부한 환경에서 재물을 의지하지 않고 부유함을 자랑하지 않는 것이 얼마나 힘든지도 알게 됐습니다(시 49:6). 나름 성실히 헌금 드리고 함부로 돈 쓰지 않으려고 얼마나 노력했는지 몰라요. 그런데 부도가 딱 나고부터 애쓸 필요 없이 하나님만 바라보게 됐습니다. 그때 '이것이 정말 축복이구나' 깨달았어요. 이렇게 간단한 것을 왜 그동안 돈을 벌려고, 또 돈을 의지하지 않으려고 애썼나 하는 생각마저 들었습니다."

더욱 놀라운 변화는, 권사님이 돈이 있을 때는 많은 것이 두려웠는데 돈이 없어지니까 저절로 두려움도 사라지더랍니다. 내성적이라 모르는 사람에게 "예수 믿으세요"라는 말조차 못 했는데, 이제는 복음을 전하는 데 훨씬 담대해졌다는 것입니다. 재물을 의지하고 부유함을 자랑할 때는 그러지 못하다가 성품을 넘어 복음을 전하는 자신을 보면서 "가난하게도 마옵시고 부하게도 마옵시고 오직 필요한 양식으로 나를 먹이시옵소서"(잠 30:8) 기도하는 아굴의 잠언을 비로소 이해하고 확신하며, 삶으로 살아내게 되었다고 합니다.

"무엇을 위해 사느냐?"고 물어보면 여러분은 뭐라고 대답하실래요? 각양각색의 답변이 나오겠지만, 어떤 답을 하든지 실상 그 끝에는 돈이 있다는 걸 부정할 수 없어요. 예수를 믿는 사람이라도 예외는 아닙니다. 따라서 이 질문은 신앙고백이라고도 할 수 있습니다. 자, 스스로 질문해 보십시오.

여러분은 "GOD입니까, GOLD입니까?"

세상을 이끄는 원동력은 오직 돈과 성공입니다.
사탄이 광야에서 예수님을 시험한 내용이
무엇입니까? "네가 가진 힘으로 너를 증명해 보라"는
것이었어요. 따라서 세상 모든 모임은 돈과 성공으로
나를 증명하려는 만남입니다.

그러나 성도는 "나는 죽고 예수로 사는 자" 입니다. 우리는 세상과는 거꾸로 살아야 합니다.

어떤 일을 결정해야 할 때 아무리 급한 일이라도 꼭 하루만 시간을 벌어 생각해 보세요. 결혼도, 동업도, 이사도 마찬가지입니다. 우리 인생의 특징이 욕심이고, 그 욕심의 특징은 조급함이에요. 그리고 조급함은 탐심을 불러옵니다. 탐심 때문에 제일 중요한 기본을 놓치고 원칙을 어기는 사람이 너무 많아요.

내가 돈을 너무 사랑해서 지금의 남편을
만났다고 해 봅시다. 그런데 결혼하고 보니
이 남편이 가진 게 없어요. 그럴 때 "저 남편이 나를
속였어요. 더는 못 살겠어요" 기도하는 것이 아니라,
"제가 돈에 치우쳐 있어서 하나님이
이런 환경을 주셨습니다. 하나님, 제가
잘못했습니다"라고 회개하는 것이
믿는 자의 태도입니다.

십일조는 하나님의 주권을 인정하는 신앙고백입니다. 십일조를 자기 마음대로 구제나 선교헌금으로 다 쓴다면 그것은 신앙고백이라기보다는 자기 의와 자기의 선한 열매를 쌓는 것이에요. 인간적으로 동정하고 연민해서 십일조로 다른 사람을 돕는다면, 그것은 하나님의 주권을 믿지 못하는 것이고 사회단체와 다를 바가 없어요. 교회를 통해서 하나님이 역사하심을 믿을 때 우리는 온전한 십일조와 온전한 구제를 할 수 있습니다.

진정으로 남을 돕는 길은 나부터 빚지지 않는 겁니다. 나부터 잘 살아야 합니다. 말씀 따라 있으면 먹고, 없으면 금식하고, 죽으면 천국 가는 것이 나도 살고 남도 살리는 최고의 비결입니다.

우리가 영원한 생명을 우습게 여기면 마치 날개가
달린 듯 하루아침에 하나님이 맡기신 물질도 날아가
버릴 수 있어요. 예수가 없는 자에게는 물질이
전부니까 하나님이 물질을 빼앗으셔서 지옥을 맛보게
하시는 것이죠. 그럴 때 '아, 지옥은 정말 있구나'
깨닫고 주께로 돌이키면 얼마나 좋겠습니까?
그런데 우리는 마지막까지 회개하지 못하고
자기 재물이 사라지는 것만 애통해서 웁니다.
이 땅의 소망이 사라져서 웁니다.

예나 지금이나 세상에서 가장 힘센 무기는 돈입니다. 그 돈을 붙잡다가 하나님의 손을 붙잡을 기회를 놓치는 사람이 너무 많아요. 모든 것의 끝에는 돈이 있어요. '돈이면 다 된다'라는 생각 자체가 돈만 의지하려는 마음이에요. 돈과 지위, 권력과 명예를 빼앗기는 사건이 왔다면, 그것은 망하는 사건이 아니라 이제는 회개하고 주님의 손을 꼭 잡으라는 사랑의 사인(sign)입니다.

투기로 자본을 단시간에 증식하는 것은 결코 성경적인 방식이 아니에요. 행여 큰돈을 벌었더라도 도박에 가깝습니다. 조금 재미를 보았다고 몇 배 더 투자했다가 하루아침에 모든 것을 잃는 경우도 많아요. ***땀과 수고가 들어가지 않은 대박을 추구해서는 안 됩니다.***

십일조 생활이 회복된 후 신앙생활도 회복됐다는 간증을 수없이 듣습니다. 이는 십일조가 돈의 문제가 아니라 신앙고백의 문제라는 걸 보여 주는 것이에요. 십일조는 하나님께 물질뿐만 아니라 나의 믿음과 사랑과 헌신을 드리는 것입니다. 나아가 내가 영혼 구원에 얼마나 관심을 기울이는지를 보여 주는 표지입니다. 그러므로 십일조는 반드시 지켜야 할 명령이며, 축복의 약속이기도 합니다.

경제적 고난 가운데 있더라도 하나님의 옳으심을
믿으며 누구도 미워하지 않는 사람, 자기 환경을
족한 줄로 여기고 낙심하지 않는 그 사람은
이미 천국을 누리는 것입니다.

내가 탐심으로 하는지, 말씀을 의지하여
결단하는지를 어떻게 분별할까요?
말씀을 기준으로 보면 탐심은 멈추어야 할 것이고,
구속사적인 결단과 적용은 순종해야 할 일이잖아요.
어떻게 적용할지 모를 때는 내 마음이 원하는
반대로 하면 좋겠어요. 하기 싫을 때는 기도하며
그것을 하고, 너무 하고 싶을 때는
잠시 멈추는 지혜가 있길 바랍니다.

세상 모든 것에는 악이 침투해 있어요. 경제나 정치는 물론이고 음악, 미술, 철학도 마찬가지입니다. 아무리 아름답게 가장해도 악이 스며들지 않은 것이 없어요. 그런데 모두가 숨은 악을 알아채는 것은 아니에요. 복음의 비밀을 알아야 악의 비밀도 보입니다.

***인생은 자기가 세운 우상만큼 더러워집니다.
돈을 사랑하는 만큼 세상 때가 묻고,
음란에 휘둘리는 만큼 어둠에 물듭니다.***

부정한 돈, 뇌물을 주고받는 것은 두려움의 문제가 해결되지 않았기 때문입니다. 누군가에게 선물을 받았을 때 잠이 잘 오면 선물이고, 잠이 잘 오지 않으면 뇌물이라고 합니다. 현재 직위를 옮겨서도 받을 수 있으면 선물이고, 그 직위에 있기 때문에 받으면 뇌물이라고 합니다. 인생은 악하고 음란하기에 계속해서 악과 음란을 즐기려면 돈과 권세가 있어야 합니다. 그래서 그것을 지키려고 자꾸 뇌물을 쓰게 되는 겁니다. 부정한 돈을 주고받는 것은 불신앙이에요.

열심히 일하는 것 자체가 상급이 되어야 하는데, 거기에 돈과 야망이 들어가면 그 순간부터 망하는 겁니다. ***내가 있어야 할 자리를 잘 알고, 자기 자리를 지키고 있으면 하나님은 절대로 우리를 굶기지 않으세요.***

어떤 존재와 환경이 우리에게 기쁨을 주는 것이 아니에요. 오직 하나님과의 연합에서 오는 기쁨이 우리의 복이에요. 다른 이들에게 물질을 나누는 것도 좋지만, 내 삶의 좋은 부분과 실패, 연약함을 나누어 주는 것이 복된 인생입니다. 같은 아픔을 나눌 때, 우리는 함께 평안을 누리게 됩니다.

신앙의 결론,
개혁의 결론은 십일조입니다.

'GOD'와 'GOLD'는 멀리서 보면 같은 글자 같아 보입니다. 영적 시력이 나쁘면 똑같아 보여요. 모든 것이 하나님께로부터 왔음을 인정하고 드리는 십일조는 돈(GOLD) 대신에 하나님(GOD)을 택하겠다는 신앙고백이에요. 아무리 헌금을 많이 드려도 월정헌금은 절대로 신앙고백이 아닙니다. 십일조를 어떻게 드리느냐가 여러분의 신앙고백입니다.

십일조는 누구를 돕기 위한 것도 아니고 복받으려고 하는 것도 아닙니다. 모든 것이 하나님의 소유임을 인정하는 신앙고백입니다. 차차 해도 안 되고 떼어먹어도 안 되고 에누리해도 안 됩니다. 하나님의 것을 도둑질하면서 하나님께 복받기를 원해서는 안 됩니다.

교회가 십일조를 받아서 다 뭐 하는가 싶습니까?
여러분이 드리는 십일조가 전 세계를 복음화시키고,
인생이 해석되지 않아 힘든 사람들을 돕는 일에
쓰이고 있습니다. 각 가정과 나라를 살리는
유익한 일에 쓰이기에 이것이야말로
구원의 일입니다.

결혼이든 사업이든 주식이든 망하는 이유는
내 욕심 때문이에요. 욕심을 버리면 오히려 돈을
벌 때가 많지요. 그러니 설교 말씀이 안 들리는데
돈을 벌겠다고 하는 사람은 바보예요.

말씀으로 내 욕심을 처리하지 못하면
돈도 못 법니다.
벌어도 조금 있다 사라질 것이에요.

요즘 자녀를 키울 때 가장 벗어나기 힘든 것이 바로 물질만능주의예요. “너는 세상과 다르게 살라”고 아무리 가르쳐도 부모의 물질관이 바르지 못하면 정작 자녀들은 왜 세상과 다르게 살아야 하는지 이해하지 못합니다. 울며 겨자 먹기로 헌금과 십일조를 내면서 하나님께 물질 드리기를 아까워하는 부모도 있어요. 이런 위선적인 모습이 자녀들 마음속에 다 쌓이고 있다는 걸 기억하셔야 해요.

‘내가 학벌도 좋은데 왜 이러고 사나……’ 이러는 분이
있습니까? 내가 잘났다고 잘사는 것이 아닙니다.
큰 부자는 하나님이 내세요. 그러니 비교할 필요가
없습니다. 세상의 주인은 세상임을 인정하는 사람은
재물의 복을 받은 사람을 위해 관리자로 기꺼이
살아갑니다. 이것이 겸손이고, 지혜입니다.

인간은 누구나 새로운 것에 눈이 끌립니다. 새로운 여자, 새로운 남자, 새로운 사업, 새로운 집, 새로운 환경, 새로운 아이템…… 그러나 아무리 바라던 새것이라도 막상 얻으면 금세 마음이 냉랭해지는 것이 우리의 악입니다. 우리가 누릴 참된 복은 새롭고 자극적인 것에서 얻는 게 아닙니다.

참된 복은 이 땅에서 주님이 내게 줄로 재어 주신 구역, 내 자리에 잘 매여 있으며 누리게 되는 것이에요.

영육 간에 풍년의 때를 지날 때도 있고, 흉년의 때를 지날 때도 있습니다. 지금 풍년의 때를 보내고 있다면, 풍년의 소산이 흉년의 때에 실제적으로 쓰일 수 있도록 말씀과 기도와 찬송과 사랑으로 영육 간에 준비를 잘 해 두어야 합니다. 축복이 왔을 때 멀리 내다보고 고난을 예비해야 막상 고난이 와도 해석을 잘 하고, “나에게 있어야 할 일이구나” 하고 인정하게 됩니다.

chapter

7

우리 꼭, 깨끗한 호적을 물려줍시다

가정은 지킬 만한 가치가 있으니까요!

가장 강렬한 첫 문장으로 평가받는 고전 소설 『안나 카레니나』는 이렇게 시작합니다.

"행복한 가정은 서로 닮았고, 불행한 가정은 저마다의 이유로 불행하다."

이 세상에 불행하고 싶어서 결혼하는 사람은 없습니다. 그런데 참 이상하지요? '이 사람과 함께라면 평생 행복하리라' 믿으며 결혼하지만, 막상 결혼하고 나면 그 사람과 사는 것이 인생 최대 고난이 됩니다. 그래서 저는 늘 이런 말로 주례사 포문을 열곤 해요.

"결혼생활은 낭만이 아닙니다. 이제부터 고생 시작입니다."

신혼의 단꿈에 젖은 부부에게 웬 찬물을 끼얹는 말이냐고요? 요즘 말로 제가 'T'라서 이런 얘기를 하는 걸까요?

서로 다른 부부가 하나가 되려면 나의 반을 버리고 상대의 반으로 채워야 합니다. 생살의 반을 잘라 내고 반을 채워 넣는 것이 얼마나 아프고 힘든 과정입니까. 또, 부부끼리 한마음이 되기도 너무 어려운데 자녀까지 애간장을 녹입니다. 그러니까 결혼이야말로, 가정을 영위하는 것이야말로 이 세상에서 가장 어려운 프로젝트, 맞습니다.

그렇다고 쉬이 물러서도 안 돼요. 결혼식 전날이라도 아니, 식장에 들어가기 전까지도 아니라고 생각되면 무를 수 있는 것이 결혼입니다. 그러나 결혼하고 나서는 다른 길은 없습니다. 반드시 가정을 지켜야 합니다. 왜 그렇습니까? "하나님이 짝지어 주신 것을 사람이 나누지 못하기" 때문입니다(마 19:6). 이것은 선택 사항으로 주신 말씀이 아니에요. 기필코 지켜야 하는 '하나님의 명령'입니다.

나의 배우자가 어떠하든지 사랑하고 용납하는 것도, 자녀를 바르게 양육하는 것도 내 힘으로는 할 수 없습니다. 사람은 사랑을 할 수도, 만들 수도, 지을 수도 없기 때문입니다. 그러나 하나님은 사랑 그 자체이시기에 하나님을 믿는 신앙과 하나님의 말씀을 중심으로 놓는 가정은 어떤 일이 와도 망하지 않습니다. 믿음이 사랑을 가능하게 합니다.

여러분은 최고난도 프로젝트인 결혼, 나의 가정을 어떻게 끝까지 지키시겠어요?

"결혼의 목적도 행복이 아니라 거룩입니다."

이 세상 최고의 만남은
하나님과의 만남입니다.
이것이 복 중의 복입니다.
그리고 그 복이 후대에까지
이어지기 위해서는 배우자를
잘 만나야 합니다.

배우자를 위해 구체적인 기도 제목으로
기도하는 사람이 많아요. 그러나 배우자의
육적인 조건을 놓고 아무리 기도해도, 함께 구원을
이루어 갈 배우자가 아니면 없느니만 못합니다.
배우자를 고를 때 제일 중요한 조건은
'내가 그 사람을 만나서 주님을
더 사랑하게 될까'입니다. 나에게 말씀을 깨닫게
해 줄 배우자, 내가 말씀 깨닫게 해 줄
배우자를 위해 기도하십시오.

만남에는 죄인끼리의 만남, 죄인과 의인의 만남, 의인끼리의 만남 이렇게 세 가지가 있습니다. 죄인과 의인의 만남은 힘들지만 구원의 소망을 품을 수는 있습니다. 그런데 의인끼리의 만남은 행복만 부르짖다 구원을 놓칠 수 있어요. 그래서 최악의 만남입니다. 신(信)결혼은 구원받은 죄인끼리 만나 믿음의 가정을 꾸리는 것입니다. 나 같은 죄인을 살려 주신 하나님의 은혜를 아는 자들이 만났기에 최고의 만남입니다.

종교개혁을 단행하고 기적적인 승리를 이룬
남유다의 성군 여호사밧 아시죠? 그가 아들
여호람을 우상에 물든 북이스라엘의 왕 아합의 딸과
결혼시키는 어마어마한 실수를 저질렀습니다.
아합 가문이 부유하니까 타협을 한 것이에요.
그 불신결혼이 여호람의 삶을 악으로 이끌었습니다.
불신결혼만큼 우리의 본성적인 악을 증폭시키는
것은 없습니다. 생명과 영적 계보를 이어야 할 가정을
처음부터 불신의 악으로 채우기 때문이에요.

그래서 불신결혼은 안 돼요!
절대, 절대 안 돼요!

불신결혼이 안 되는 이유 첫째는, 믿지 않는 배우자와
결혼하면 믿음을 지키기가 어렵기 때문입니다.
둘째는 불신결혼은 결혼의 목적을 거룩이 아닌
행복에 두는 선택이기 때문입니다.
그리고 셋째 더 근본적인 이유는, 하나님을 내 인생에
상급으로 여기지 않고 소유, 명예, 성공, 쾌락을
상급으로 여기는 선택이기 때문입니다.

아내가 남편에게 복종하면 세상은 그것을 종속과 굴복이라고 오해합니다. 그러나 하나님은 달리 보십니다. 가정의 질서에 순종하여 겸손히 남편을 섬기는 아내를 높이 평가하고 존귀하게 여겨 주십니다. 한결같이 아내의 자리를 지키며 남편에게 순종하는 것이 내 남편을 주님께로 인도하는 비결이에요.

남편에게 무조건 "네" 하는 것은
순종이 아니라 맹종입니다.
순종하되, 진리 안에서
순종해야 해요. 나아가 순종하는
나의 태도가 배타적이고
독선적이어서도 안 됩니다.
나는 진리를 담는 그릇이기에,
그 그릇도 예쁘게 다듬어야
합니다.

아내를 귀히 여기고 사랑하지 않는다면
내 믿음을 점검해 볼 필요가 있습니다.

교회를 아무리 열심히 다니고,
봉사를 열심히 해도 내 아내를 사랑하지 않는 사람은
예수님을 제대로 믿는 사람이 아닙니다.
실상은 아무런 믿음이 없는 것입니다.

세상은 결혼을 현실적인 조건과 계산을 따라 맺은
약속 정도로 여기기에 이혼을 대수롭지 않게
생각합니다. 하지만 결혼은 하나님 앞에서
창조 명령을 준행하기로 약속하는 것입니다.
부모를 떠나 배우자와 합하여 하나가 되기로 맹세한
깨뜨릴 수 없는 언약입니다. 하나님이 짝지어 주신
것을 사람이 마음대로 나눌 수 없습니다.

내게 허락하신 돈과 시간, 건강과 일과 관계, 계획과 비전, 상황과 환경 모든 것이 하나님의 성물이에요. 힘든 배우자나 자녀, 부모도 성물 중 성물입니다. 그런데 우리는 문제가 생기면 배우자 탓, 자식 탓, 환경 탓, 시대 탓을 하면서 내 마음대로 처분하고 버리려 해요. 이것은 하나님의 주권을 무시하는 큰 죄악입니다.

인간적인 사랑으로는 결혼을 지켜 낼 수 없어요. 남편 사랑 못 받고, 자녀까지 비실비실하면 우리가 다 고통스럽죠. 저 역시 그랬어요. 하지만 내 힘으로 할 수 있는 게 아무것도 없어서 날마다 기도하다가 예수 신랑을 만나게 되었습니다. 영원하신 신랑을 만나니 세상 신랑의 사랑이 초개(草芥)같이 보였습니다.

예수님이 나의 신랑이시고, 내가 이 땅의 사랑과 비교할 수 없는 주님의 사랑 안에 있는데 무엇이 두려운가요? 주님이 우리의 육을 무너뜨리셔서 최고의 사랑을 알게 하십니다.

우리들교회 부부들을 대상으로 배우자와 싸우는
이유를 조사했습니다. 원가정과 배우자와의 갈등,
즉 시댁이나 처가와의 갈등이 가장 많았고,
그다음으로는 자녀 양육에 관한 의견 차이, 중독,
경제적 문제, 시도 때도 없는 잔소리, 가사 부담 문제
등이 나왔습니다. 교회를 다녀도, 안 다녀도
부부가 갈등하는 원인은 비슷합니다.
그러나 '부부싸움을 어떻게 해결하는가'는 다릅니다.
둘이서는 문제를 해결할 수 없기에
믿음의 공동체에서 나누고 듣고 말씀으로
처방받고 가야 합니다. 그럴 때 달라도 너무 다른
두 사람이 한 몸을 이루어 살아갈 수 있습니다.

어떤 일도 우연은 없습니다. 마찬가지로 우리 생명은 어떤 모양이라도 소중하고, 어떤 상황의 가정이라도 지킬 만한 가치가 있어요. 우리가 말씀에 순종해 지키려 한다고 해도 당장 열매가 보이지는 않아요. 이혼을 안 하려 해도 당할 수 있고, 태아를 내가 지키려고 해도 유산될 수 있어요. 그러면 그것은 헛된 수고일까요? 말씀에 순종하여 최선을 다했다면 어떤 결과이든지 하나님의 뜻이라고 믿기를 바랍니다. 하나님은 우리 믿음의 역사와 사랑의 수고와 소망의 인내에 반드시 응답하십니다.

세상은 배우자가 살 만한 사람인가 분별해서 살라고, 싹수가 안 보이면 이혼하는 것도 방법이라고들 이야기합니다. 그러면 살 사람이 없어요. 결혼을 유지할 사람이 없어요. 그렇게 이혼하면, 앞으로 남고 뒤로 밑집니다. 지금은 좋을지 몰라도, 이혼하는 것은 자녀에게 무거운 짐을 지우는 일이에요.

아내가 사랑스러워서, 사랑받을 자격이 있어서
사랑하는 게 아니라, 주님이 사랑하라 하시기에
말씀에 순종해 사랑하는 것입니다.
남편에게 복종할 만한 인격과 능력이 있어서
복종하는 게 아니라 주님이 복종하라 하시기에
말씀에 순종해 복종하는 것입니다.
그러면 내 사랑과 복종을 받는 분이 누구입니까?
보기 싫은 남편과 미운 아내인가요? 아니에요.
나를 만드시고 구원하신 주님이 나의 작은 사랑과 복종을 받으시고 기뻐하십니다.

여자는 자기 일에 최선을 다하고 열심히 일하는 사람을 보면 존경합니다. 존경받는 남편이 되려면 최선을 다해, 열심히 일해야 합니다. 많이 배우고 못 배우고가 중요한 게 아니라, 돈이 많고 적고가 중요한 게 아니라 자신이 하는 일에 최선을 다하고, 그 분야에서 최고가 되려고 노력하는 모습을 보여야 합니다. ***비록 힘들어 지치더라도 매일 아침 신나게 출근하는 남편은 아내에게 존경을 받습니다.***

99% 합격은 불합격이에요.

이기고도 진 싸움이 되지 않으려면, 결혼생활의 험한 십자가를 끝까지 붙들어야 합니다. 애벌레가 끝까지 견디고 고치에서 스스로 나와야 하는데, 그걸 도와준다고 가위로 잘라 주면 결국은 나비가 되지 못하고 죽잖아요? 이혼과 자살이 답이 아닙니다. 결혼을 끝까지 지키는 것, 깨끗한 호적을 물고 죽는 것이 자녀에게 줄 최고의 유산입니다.

아무도 안 알아주는 사소한 일에 혈기 부리지 않고 죽어지는 것이 순교입니다. 배우자가 끝이라고 할 때, 나도 끝이라는 생각을 안 하는 것이 바로 순교예요. 내 수고를 아무도 알아주지 않아도 끝까지 애통하며 가정을 중수할 때, 노벨 평화상보다 더 영광된 구원의 상을 받을 것을 믿습니다.

예수님과 관계를 잘 맺고 있는 부부는 서로 사랑하고 복종하는 데 문제가 없습니다.

가정 자체가 천국이 되어 버리면 그 행복에 취해 진짜 천국을 바라지 않아요. 그래서 문제가 있는 가정이 아무 문제가 없는 것보다 훨씬 축복받은 가정이에요. 그래야 가정 위에 있는 구원을 보게 되기 때문입니다.

진짜 행복한 가정은 문제와 갈등에 둘러싸여 있지만 하나님의 말씀이 있는 가정입니다. 서로 달라도 너무 다르지만, 그럼에도 하나님의 말씀을 듣고 말씀으로 통하는 가정이 참행복을 누립니다.

부모가 자식을 끼고돌면 자식이 부모보다
나은 삶을 살까요? 아무리 잘나도 부모도 한낱
인간인데, 얼마나 자녀를 훌륭히 키울 수 있겠습니까?
하나님이 키워 주시는 것이 최고의 자녀 교육이에요.
무엇보다 내 자녀는 하나님의 자녀,
하나님의 소유입니다. 하나님이 부모인 내게
자녀를 잠시 맡기신 것뿐입니다.

만약 자녀가 말을 함부로 한다면 '내가 자주 하는 말을 내 자녀가 나팔 불고 있구나' 하고 생각하십시오. 부모가 가정에서 말조심해야 하는 이유가 여기에 있습니다. 특별히 자녀 앞에서 교회를 욕하고, 목회자를 욕해선 안 됩니다. 그로 인해 자녀가 교회를 떠날 수 있기 때문입니다. 그것은 자녀를 죽이는 길입니다.

자녀가 아무것도 모르는 것 같아도
부모가 구속사로 선택하는지,
세속사로 선택하는지 다 압니다.
눈을 똥그랗게 뜨고 다 보고 있습니다.

부모가 자녀에게 무작정 "나를 닮아!" 강요하는 것은 나르시시즘입니다. "나처럼 살지 마!" 하는 것은 자기 비하입니다. "나를 닮으면 좋겠어"라고 자존감을 가지고 말할 수 있는 부모가 성공한 부모일 것이에요. 그런데 이런 자존감은 어디서 옵니까?
오직 믿음입니다. "내가 부족하고 연약하지만 예수님을 믿는 것, 교회 공동체를 사랑하는 것만큼은 나를 닮았으면 좋겠다"라고 자신 있게 자녀에게 말할 수 있는 부모가 되었으면 좋겠습니다.

가인의 후예들이 화려하게 살며 칼의 노래를 부르던 악한 시대에, 에녹은 300년을 하나님과 동행하며 자녀를 낳았습니다(창 5장). 그리고 그는 죽음을 보지 않고 하늘로 옮겨졌습니다. 성경에서 승천한 사람은 엘리야 선지자와 에녹, 이 두 명뿐입니다. 하나님과 동행하며 자녀를 키우는 것이 그만큼 값지고 어려운 일이라는 의미입니다.
잘나고 훌륭한 자녀 때문에 애통해하며 기도하는 부모는 없습니다. 그러나 자신을 끝없이 낮아지게 하는 자녀 때문에 눈물 흘리는 부모가 묵묵히 사명을 감당하는 걸 저는 많이 보았어요. 그렇다면 이 짧은 인생에 무엇이 축복이고, 무엇이 저주일까요?

문제아는 없고 문제 부모만 있습니다. 공부 못하는 아들, 말썽 피우는 딸이 문제가 아닙니다. 내 야망, 내 욕심으로 자녀를 공부시키고 결혼시키고 성공시키려는 것은 우상에게 자녀를 데려다 바치는 것과 같습니다.

그래서 부모에게 자녀 문제는 자신의 악을 직면하게 하는 거울입니다.

부모가 경제적으로 힘들어지면 자녀도 같이
그 십자가를 져야 합니다. 가정은 공동체이기
때문입니다. 부도가 났는데 자녀에게
"너는 망한 티가 나면 안 돼.
내가 빚을 내서라도 너는 먹이고 입힐 거야" 하면
다 같이 망하고 맙니다. 내 현실을 인정하고
온 가족이 함께 원칙을 지키며 절제할 때
자녀는 부모를 존경하게 됩니다.

자녀에게 "정직히 살아라", "큐티해라"
아무리 외쳐도 부모부터 마음속 우상을
제거하지 않는다면 다 소용없는 가르침입니다.
자녀는 부모를 따라가게 마련입니다. 교인들은
목사를, 국민은 대통령을 따라가게 마련입니다.
그래서 한 나라의 지도자, 한 교회의 지도자,
한 가정의 지도자가 정말 중요합니다.

잘난 자녀,
못난 자녀는 없습니다.
그저 구원받아야 할
자녀만 있을 뿐입니다.

chapter

8

거룩하게 살고자 하면 행복이 따라와요

사명 따라 사는 자의 모든 때는 아름답습니다

"나는 악인이 죽는 것을 기뻐하지 아니하고 악인이 그의 길에서 돌이켜 떠나 사는 것을 기뻐하노라" (겔 33:11).

우리 하나님은 한 생명이 살고, 가정이 살고, 나라가 사는 것을 기뻐하십니다. 그런데 돌이켜 떠날 악이 있다고 말씀하십니다.

제 남편은 존경받는 의사였습니다. 장로님과 권사님의 아들이었고, 늘 완벽을 추구하는 사람이었습니다. 하지만 교회를 나가지 않았습니다. 그러던 어느 날, 마흔다섯의 나이에 갑자기 쓰러졌습니다. 간암 말기 진단을 받았습니다. 남편에게 남은 시간은 1년도 아니고, 한 달도 아니고, 단 '하루'였습니다. 다음 날인 주일 새벽, 목사님이 그의 손을 붙잡고 물었습니다.

"어떻게 천국에 들어가시겠습니까?"

남편은 남은 힘을 다해 고백했습니다.

"예수 이름으로요……."

그리고 조심스레 자신의 죄를 회개했습니다.

"그런데 목사님, 제 직업을 아십니까? 제가 믿음이 없어서가 아니라 죄가 많아서 교회를 못 나갔습니다. 회복시켜 주지 않으셔도 할 말 없는 죄인입니다."

1980년대엔 정부 산아제한 정책에 의해 죄의식도 없이 낙태가 행해졌습니다. 그야말로 악의 평범성에 물든 시대였습니다. 그 흐름 속에 수많은 태아를 낙태시킨 남편은, 오직 하나님의 은혜로 생명을 파괴한 죄를 진심으로 회개하고 주님 품에 안겼습니다. 그리고, 남편이 진실로 회개하고 구원받은 이 성령의 역사가 제 평생의 간증이 되어 이후로 저는 오직 사명을 따라 살아가게 됐습니다.

제가 특별히 거룩한 사람이라 하나님이 저를 택하

셨을까요? 그렇지 않습니다. 저는 스스로 착하다고 생각하며 살았습니다. 그러다 바벨론 그발 강 가 같은 시댁에 사로잡힌 가운데 하늘이 열리며(겔 1:1) 비로소 저의 죄와 추함을 보게 됐습니다. 이후 제 인생의 모든 때가 해석되는 권능이 임했어요. "하나님이 모든 것을 지으시되 때를 따라 아름답게 하신다"(전 3:11)고 합니다. 제 인생에도 하나님이 얼마나 큰 은혜를 베풀어 주셨는지 몰라요. 가난하지만 학생의 때에 순종했더니 저로서는 갈 수 없는 명문대학에 붙여 주셨습니다. 무서운 시어머니 아래서 며느리의 때에 순종했더니 시어머니를 구원해 주셨습니다. 매를 맞고 핍박당해도 아내의 때에 복종했더니 남편을 구원해 주셨습니다. 젊은 과부로 어머니의 때에 순종했더니 자녀들이 구원받게 하셨습니다. 그리고 여성 목사의 때에 순종하며 걸어가는 지금, 하나님께서 성도들의 구원을 이루어 가고 계십니다. 그야말로 모든 때를 아름답게 하셔서 저로 하여금 때마다 고난을 약재료 삼아 가정을 살리고, 교회를 살리고, 이제는 전 세계를 살리게 하십니다.

하나님은 우리를 각자의 자리로 부르셨습니다. 그 자리가 가정이든, 직장이든, 교회든, 혹은 상처와 고난

속이든 그곳에서 하나님은 우리에게 영혼을 살리는 사명을 주시고, 그 사명을 따라 살라고 명하십니다. 그리할 때, 우리의 모든 때를 아름답게 하십니다.

'죄투성이, 허물투성이인 내가 무슨 사명을 감당하겠는가' 합니까? 디도서에서 장로의 자격은 '가정에서 본이 되는 자'라고 했어요(딛 1:5~6). 완전한 사람이 아니라 '말씀 앞에서 늘 회개하는 사람'이 본이 되는 사람입니다. 그러므로 누구라도 사명을 감당하지 못할 사람은 없습니다. 여러분은 내 앞에 놓인 생(生)을 어떻게 사시겠습니까?

"사명 따라 와서, 사명 따라 살다가, 사명 따라 떠나는 인생이 가장 복된 인생입니다."

나 자신이 아무것도 아닌 것 같다고요? 못생기고,
돈도 없고, 공부도 못하고, 스펙도 없고…….
하지만 그렇대도, 아무것도 없어서
슬퍼하고 있는 나 자신은 남아 있잖아요.
'나'는 예수님이 보혈 흘려 구속하신 가치 있는
영혼입니다. 천하보다 귀한 것이 우리 영혼이에요.

인생의 목적은 행복이 아니라 거룩입니다.
이것이 구속사의 새로운 가르침입니다. 악하고
음란한 인간의 본성을 거스르는 가르침입니다.

우리는 바라는 대로 보고 듣습니다. 우리가 믿음의 눈으로 하나님을 바라면 어떤 일에도 소망이 넘칩니다. 반면에 육신의 눈으로 뭔가를 바라면 망상에 쉽게 빠져듭니다. 욕심의 크기만큼 망상을 확신하게 됩니다. 이 착각의 함정, 기복의 함정에서 빠져나오기 위해 우리는 늘 하나님의 말씀으로 '띵크'(THINK)해야 해요.

제집 냉장고 문을 여는 자녀에게 "왜 남의 냉장고를 맘대로 여냐?" 할 부모는 없습니다. 돈 한 푼 못 버는 자녀라도 냉장고에 있는 우유, 과일 마음대로 먹으면서 눈치 하나도 안 봅니다. 자녀가 누리는 자유와 축복이란 이런 것이죠. 하물며 우리는 만물의 주인이신 하나님의 자녀 아닙니까.
예수 믿고 하나님의 자녀가 되는 것이 얼마나 특권이고, 복 중의 복인지를 기억하기 바랍니다.

십자가는 지혜이고
지혜는 타이밍입니다.

인정하고 싶지 않은 환경이라도
내가 속한 그 자리가 바로
하나님이 나를 부르시는 소명의 자리입니다.
오늘 내 환경은, 나의 구원을 위해 허락하신
신의 한 수입니다.

믿음의 반대는 자기 열심입니다.

어떤 사람들은 피투성이 같은 삶을 이어 가느니,
쿨하게 죽는 게 낫다고 생각합니다. 그러나 하나님의
형상인 자기 생명을 스스로 끝내는 자살은
하나님을 반역하는 가장 큰 죄입니다.

우리는 인생에 순풍(順風)만 있길 바랍니다.
내가 원하는 돈, 성공, 쾌락, 건강의 멋진 항구로
거침없이 가고 싶어요. 하지만 그곳에는
영생이 없습니다. 그래서 내가 바라는 것들이
거절당하는 인생의 역풍(逆風)이 구원의 관점에서는
순풍이라고 할 수 있어요.
사명의 돛을 달고 항해하는 인생에 주님은
진정한 순풍을 불어 주십니다.

누가복음과 사도행전은 누가가 로마 고관인 데오빌로 한 사람을 전도하고 양육하기 위해 쓴 편지입니다. 저의 지난 전도 역사를 돌아보면, 육적으로는 다 이루었지만 영의 구원에는 관심이 없어서 눈물짓게 했던 데오빌로가 있었습니다. 이제 믿기 시작해서 양육이 필요한 데오빌로도 있었습니다. 복음을 전해야겠는데 권세가 워낙 대단해서 주눅 들게 하는 데오빌로도 있었습니다. 열심히 전도했건만 뒤에서 저를 욕하고 다시는 만나 주지 않은 데오빌로도 많았습니다. 그러나 양육을 받고 마침내 변화된 분도 많습니다. 그러므로 여러분도 포기하지 마십시오. 나의 데오빌로에게 찾아가 끝까지 복음을 전하고 양육하십시오. 그것이 우리의 사명입니다.

‘열심’히, ‘잘’ 살아야 합니다. 하지만 ‘열심’이나 ‘잘’보다 중요한 것은 ‘전심’으로 하나님의 말씀을 지켜 행하는 것이에요. 우리 힘과 능으로는 전심으로 살 수 없습니다. 오직 성령께서 임하셔야 합니다.

만나는 사람마다 “큐티하세요?” 물으면 교회에 오래 다니신 분들도 진짜 진짜 큐티를 안 하시더라고요. 물론 그래요. 집회 가서 한 시간 전하는 걸로 어찌 저의 모든 걸 이해시키고 모두를 큐티시킬 수 있겠습니까. 그래서 “오늘 말씀을 들은 분 중에 한 사람이라도 큐티를 시작한다면 저는 성공한 것입니다” 하고 전합니다. 정말 한 사람이 중요합니다. 하나님이 큐티하는 저 한 사람을 쓰셔서 전 세계를 향한 사명을 감당하게 하지 않으십니까?

아무리 좋은 계획이라도 차질을 빚을 수 있고
하나님이 인도하셨다고 늘 직진만 하는 것도
아닙니다. 그러나 기도했다면 그저 믿으세요.
성령님이 경영해 가실 것입니다.

부족한 것은
하나님의 능력이 아니에요.
문제를 하나님 앞에
내어놓지 못하는
나의 믿음이 부족한 것입니다.

예수 그리스도의 수난과 죽음, 그리고 부활은 하나님이 그분의 경륜 가운데 정하신 반드시 일어날 일이었어요. 창조주께서 작고 하찮은 피조물인 나의 생명을 위해 십자가 지신 것은 사탄은 결코 생각하지 못한 전략이었습니다. 성령의 전략은, 이처럼 다시 살아나기 위해 먼저 죽는 것, 즉 자기 부인입니다.

나는 아무것도 할 수 없습니다.

우리는 반사체처럼 하나님께 빛을 받아
그 빛을 비추는 인생이 돼야 합니다.
그럴 때 참기쁨이 생깁니다.

구속사의 인생이야말로 도전하는 인생입니다.
무엇을 하든지 사명과 연결되어 욕심이 사라지고,
늘 말씀으로 인도받기에 때마다 적용하며
도전할 수 있는 것입니다.

문제가 없는 게 좋은 것이 아니에요.
오히려 문제가 많은 가운데 세상은 알 수 없는 평안을
말씀을 통해 도출해 내는 것이야말로
성도의 복입니다.

"하나님, 저는 아무것도 할 수 없어요"라고 고백하면서도 살아 계신 하나님을 찾지 않는다면 그것은 위선이에요. 자신이 전적으로 무능한 존재임을 깨닫고 인정하는 사람은, 살아 계신 하나님 앞에서 살아갑니다. 더불어 누구 앞에서나 어떤 상황에서나 늘 여전한 방식으로 주를 의지하여 살아갑니다. 영적 진실성은 내 능력이나 성품, 교양에서 나오는 것이 아니에요. 오히려 아무것도 할 수 없기에 살아 계신 하나님을 의지할 수밖에 없는 절박함과 간절함에서 나옵니다.

내가 사망의 음침한 골짜기에 있더라도
거기서 사명을 깨달으면
누가 뭐라 하든지 믿음을 지키고,
가정을 지킬 수 있습니다.

절망과 낙심의 순간에 내 생각, 내 감정에 몰입되면 사명을 감당할 수 없어요. 어둡고 두려운 상황일지라도 하나님이 무엇이라고 말씀하시는지 귀 기울여야 합니다. 말씀의 능력을 힘입을 때, 툭툭 털고 일어나 나의 갈 길을 갈 수 있어요. 쓸데없는 열광과 환호에도, 쓰디쓴 배반과 비난에도 끝까지 사명을 감당할 수 있습니다.

우리 인생에 진리의 성령님이 오시면
우리의 어떤 매임도 성령의 매임으로 변하게 됩니다.
매여 있는 내 삶을 통해 복음을 전하는 것이
우리의 사명이에요.

내 처지가 초라하고 비참해도 예수 생명을 낳고
사람을 살리고 있다면 사랑을 받는 그 누구보다도
가장 큰 일을 하는 것입니다.

예수님의 이름으로 하는 기도는
좁은 길을 가게 해 달라는 기도입니다.
찾는 이가 없는 길을 가게 해 달라는 기도입니다.
이것이 생명의 기도이며 영원히 사는 기도입니다.

***하나님은 내게 좀 더 나은 사람이 되라고,
좀 더 노력하라고 독촉하지 않으세요.***
그저 내 모습 그대로 쓰십니다.
내가 작고 연약할수록 하나님이 일하십니다.
그러니 우리는 내 있는 모습 그대로 하나님께
나아가면 됩니다. 그러면 하나님이
엄청난 구원의 역사를 이루십니다.

이 땅의 날,
우리에게 주어진 하루하루는
영원한 천국을 얻을
기회입니다.

말세(末世)라고 하면 거창하고 심오한 어떤 것이 떠오르시나요? 그러나 내 개인의 말세는 내 한계를 인식하는 것입니다. 내 인생의 말세를 인정하는 것이 짧은 인생의 가장 큰 축복이에요.

성경이 온통 반역하고 배반하는 인간의 이야기인데,
하나님은 그런 인간을 끝까지 사랑하십니다.
그러므로 그 누구라도 가망 없는 사람은 없습니다.

성경은 인간의 치적에는 많은 부분을 할애하지
않아요. 부국강병을 이루었어도 그의 삶이 하나님과
상관이 없으면 성경에 단 한 줄로 지나갑니다.
예수가 없으면 모든 것이 헛됨을 알아야 합니다.

이해가 되어서
믿는 것이 아닙니다.
믿음으로 이해가 되는 것입니다.

사도 바울은 "내게는 우리 주 예수 그리스도의 십자가 외에 결코 자랑할 것이 없다"(갈 6:14)고 했습니다. 여기서 '자랑하다'는 '기뻐하다'라는 말과 같습니다. 야곱도 그랬습니다. 세상 자랑과 기쁨, 세상을 향하는 열정과 목표는 시들고, 주님의 십자가만 자랑하고 기뻐하게 됐습니다. 살아 보니 별 인생이 없는 걸 알게 됐습니다.

지금 내가 할 수 있는 그 작은 일부터 하세요.
현실을 착실히 받아들이고 거기서부터
시작하는 것이 믿음입니다.

힘든 상황에서 묵묵히 더 나아가는 것이 오히려 영적
지름길이 될 수 있습니다. 제 삶을 돌아보니 모든 것을
하나님이 아시고 보시고 들으시고 기억하셨어요.
성령이 보내셔서 행했던 모든 길은 지나고 보면
성령님의 완전한 작품이었습니다.

인생 역전을 꿈꾸시나요?
인생의 전성기를 가져오는 힘은
나 자신이나 가족, 환경에 있지 않아요.
인생 역전은 오직 여호와께서
우리를 주목하실 때만 가능합니다.

사람의 힘으로 짓는 모든 것에는 한계가 있습니다.
그래서 주님은 우리 힘을 확 꺾으십니다.
기껏 열심히 짓고 나중에 다 무너지지 않게
하시려고요. 내가 열심히 짓고 쌓은 것이
무너진다 해도, 거기에 내 생각을 뛰어넘는
하나님의 큰 사랑이 있음을 믿으세요.
하나님은 우리보다 앞서 보고 행하시며,
선한 길로 인도하시는 참 좋으신 분입니다.

종교 개혁자 칼빈은 “두려움은 정도(正道)가 아닌 샛길을 찾는 재주가 좋다”라고 말했습니다. 두려워서 이것저것 고민하며 내 계획을 세우다 보면 결국 방법을 찾기는 찾습니다. 그런데 그것이 올바른 방법이 아니라 잘못된 길, 막다른 길에 다다르는 샛길이라는 거예요. ‘내 힘으로 할 수 있는 것이 없구나’ 인정하면 오히려 두려울 것이 없습니다. 그때부터 하나님이 일하십니다.

이 세상 전쟁은 결국은 믿는 자와 안 믿는 자의
싸움이에요. 하나님 입장에서는 미우나 고우나
내 새끼를 도우십니다. 내가 착해서, 구제하고
선교해서, 헌금 많이 해서 도와주시는 게 아닙니다.
그냥 하나님의 '내 새끼'이기 때문에
아무 자격 없어도 도와주시는 거예요.

죽음 앞에 모든 사람이 평등하다는 것은,
곧 모든 사람에게 구원이 필요하다는 이야기입니다.

믿는 사람이나 믿지 않는 사람이나 다들 기사와
표적을 보고 싶어 합니다. 진짜 기사는 내가 말씀으로
현재의 이유를 알게 되는 것이에요.
감사할 수 없는 환경에서 감사하는 내 모습에
주변 사람들이 놀라니 그것이 기사입니다.
고난 가운데도 내가 말씀을 붙드니 그것이 표적입니다.

우리 인생이 짧은데
하나님께 기억되는 자,
하나님께 영광 돌리는 자가
되어야 하지 않겠습니까?

우리의 슬프고 창피한 환경이 예수 그리스도의 이름을 갖게 되면 다른 사람을 죄에서 꺼내 줄 환경이 됩니다. 남편이 하루아침에 천국에 갔어도 말씀 전할 사명이 있었기에 제가 기뻐할 수 있었어요. 우리가 예수님을 만나면 이 땅의 모든 슬픈 상황을 압도하는 기쁨이 있습니다. 홀로서기가 금세 되어 기쁘게 사명의 길을 갈 수 있습니다.

겸손한 사람은 없어요.
오직 겸손한 환경만 있을 뿐입니다.

구원을 위해 살지 않으면 모든 시간을 낭비하는
겁니다. 구원을 위한 것이 아니면 무엇을 해도 후회만
남습니다. 그러니까 설렘이 없어도 교회에 와야 해요.
내가 교회에 오는 것 자체가 전도입니다.
그것 하나만 잘해도 하나님이 상을 주실 것이에요.
배부르고 등 따스워지면 예배부터 딱 오기 싫잖아요.
주일에 들로 산으로 놀러 가지 않고 교회에 오는 것이
얼마나 좁은 길인지 모릅니다.

성도는 자기중심적으로 사는 자가 아니라
'내가 얼마나 중요한 존재인가'를 늘 인식하며 사는
사람입니다. **나는 중요한 존재이기에 함부로
살아서는 안 됩니다.** 행여 돌이킬 수 없는 죄를
지었더라도 죽지 말고 돌이켜 살아야 합니다.

'증인'이라는 말은 '순교자'라는 뜻인 '마르투스'와
그 어원이 같아요. 그 원어의 뜻은 수면으로 돌멩이를
던졌을 때 그 파장이 계속 퍼져 나가는 걸 말해요.
십자가 잘 지고 내 환경에 순종하고 있으면
나의 증언 한마디 한마디가 물결처럼 퍼져
저절로 증인 역할을 하게 됩니다.
그래서 내 어떤 환경도 부끄러울 것이 없습니다.

많은 사람이 하나님을 알기보다 번듯한 스펙을
갖추려고 노력합니다. 모든 것을 창조하신
하나님이 사랑 그 자체이신데, 인간이 하나님처럼
다 가지려고 하면 결국 사랑이 필요 없게 됩니다.
재수할 때는 열심히 큐티하다가 대학에 붙으면
멀리멀리 가고, 사업이 잘되면 술과 음란으로
멀리멀리 가고, 부부 금실이 좋으면 여행 다니느라고
멀리멀리 갑니다. 갖추면 갖출수록 하나님의 사랑을
필요로 하지 않는 영적 거지가 됩니다.
이게 얼마나 무서운 벌인지 몰라요.

하나님이 구원의 값을 이미
다 치르셨지만, 우리도 힘써
구원을 이루어 가야 하는 것이
구속사입니다. '하나님이 알아서
다 해 주실 테니까 나는 가만히
있어도 돼!' 이러면 우리는
구속사를 한 줄도 써내려
갈 수 없어요.
하나님이 연약한 내 안에서
100% 역사하실 것을 믿고
나의 100%를 다해야 하는 거예요.

시대정신과 충돌하는 전쟁터에 우리는 서 있어요.
이 땅에서 전쟁을 피하고 평화를 추구하는 것만이
복음이 아니에요. 전쟁을 통해서만 행복을 추구하는
나의 단단한 가치관이 깨어집니다. 한 손에는 성경,
한 손에는 신문을 들고 우리는 거대하고 강력한
시대정신과 영적 전쟁을 치러야 해요. 그러다 보면
내가 싸울 상대가 배우자나 자녀, 돈이 아니라 바로
내 자아, 내 옳음, 내 생각임을 깨닫게 됩니다.

내가 어디에서 와서 어디로 가는지를 알아야
인생의 방황이 멈춥니다. 언제나 내가 어디에서
왔는지 돌아보고 출생지로 돌아가야 합니다.
나의 출생지는 '하나님 아버지'입니다.

'내가 여기서 이러고 있을 사람이 아닌데……' 합니까? 아픈 자녀의 부모로 살 때, 내가 질병으로 아플 때, 망해서 돈이 없을 때, 인간관계로 힘들 때, 그때를 잘 살면 하나님이 그런 나를 있는 그대로 쓰십니다. ***자기 자리를 잘 지키는 그 평범함이 사실 가장 비범한 것이에요.***

우리가 열심으로 행한 어떤 업적도 우리 죄를 덮을 수는 없어요. 성부 하나님이 죄 가운데 있는 우리를 전심으로 사랑하셔서 독생자를 보내셨습니다. 성자 예수님이 죽음도 마다하지 않으시고 우리를 위해 전심으로 십자가를 지셨어요. 그리고 성령 하나님이 우리 삶 안에 오셔서 전심으로 함께하십니다. 이제 우리도 죄의 자리를 떠나 하나님께서 맡기신 거룩한 자리, 사명의 자리로 나아가야 합니다. 이것이야말로 이 땅에서뿐 아니라 천국에서 영원히 빛날 업적입니다.

성경은 모든 사람이 죄를 범했다고 확고하게 말하고 있어요. 그런데 악하고 음란한 인간이 최고라며 인권이 왕 노릇을 하기에 가정이, 나라가, 사회가 잘못된 방향으로 가고 있습니다. 이혼과 낙태, 동성애, 자살이야말로 하나님이 창조하신 생명과 질서를 인간이 마음대로 할 수 있다는 권리 주장이에요.
믿는 우리는 끝까지 하나님의 편,
말씀의 편에 서야 합니다.

사명을 따르는 우리의 행전은
영원히 계속되어야 합니다.
예수님은 "너희는 이 모든 일의
증인이 되라"고 명령하셨어요.
이 땅을 전도하고 양육하는
이 사명을 위해서 주님은
지금도 역사하고 계십니다.

김양재 목사의

잔소리

초판 발행일 | 2025년 12월 24일

지은이 | 김양재

발행인 | 김양재
편집인 | 송민창
편집장 | 정지현
편집 | 김윤현 진민지 장승영
디자인 | 디브로

발행처 | 큐티엠
주소 | 경기도 성남시 분당구 대왕판교로385번길 26, 2층 단행본 편집부 (우)13543
편집 문의 | 031-606-3854 **구입 문의** | 031-707-8781
팩스 | 031-990-6935
홈페이지 | www.qtm.or.kr **이메일** | books@qtm.or.kr
인쇄 | ㈜신성토탈시스템
총판 | ㈔사랑플러스 02-3489-4300

ISBN | 979-11-94352-21-1

큐티엠(QTM, Question Time Movement)은 '날마다 큐티'하는 말씀묵상 운동을 통해
영혼을 구원하고,가정을 중수하고,교회를 새롭게 하는 일에 헌신합니다.